AF539020

देवगढ़ का गोंड राज्य

देवगढ़ का गोंड राज्य

डॉ. सुरेश मिश्र

राजकमल प्रकाशन

ISBN : 978-81-267-1551-0

मूल्य : ₹495

पहला संस्करण : 2008
दूसरी आवृत्ति : 2022
This book is printed on **Print on Demand** Technology : 2025

प्रकाशक : राजकमल प्रकाशन प्रा. लि.
1-बी, नेताजी सुभाष मार्ग, दरियागंज
नई दिल्ली-110 002

शाखाएँ : अशोक राजपथ, साइंस कॉलेज के सामने, पटना-800 006
पहली मंजिल, दरबारी बिल्डिंग, महात्मा गांधी मार्ग, प्रयागराज-211 001
1, अनमोल सोराबजी संतुक लेन, धोबी तलाव, मरीन लाइंस, मुम्बई-400 002

वेबसाइट : www.rajkamalprakashan.com
ई-मेल : info@rajkamalprakashan.com

DEVGARH KA GOND RAJYA
by Dr. Suresh Mishra

गोंडों के गौरवशाली अतीत की स्मृति को
इस कामना के साथ समर्पित कि
आज का गोंड समुदाय अपने
अतीत से प्रेरणा ले

लेखकीय

गढ़ा के गोंड राज्य के इतिहास पर काम करते समय मुझे देवगढ़ के गोंड राज्य के इतिहास के बारे में पढ़ने और जानने को मिला और मैं उस राजवंश के गौरवपूर्ण इतिहास से प्रभावित हुए बिना नहीं रह सका। गढ़ा के गोंड राजाओं का इतिहास लिखने के बाद मैंने 'मध्यप्रदेश के गोंड राज्य' नामक अपनी पुस्तक में अन्य गोंड राज्यों के साथ देवगढ़ के गोंड राज्य के बारे में कुछ विस्तार से लिखा। बाद में मैंने देवगढ़ राज्य के इतिहास के बारे में प्रकाशित मूल सामग्री का अध्ययन किया तो लगा कि इस राज्य के बारे में विस्तार से लिखना जरूरी है। फिर यह ज्ञात हुआ कि देवगढ़ राज्य के वारिस अभी भी नागपुर और उसके आसपास के क्षेत्रों में मौजूद हैं और वे अपने अतीत से अभी भी जुड़े हुए हैं तो फिर मुझे लगा कि इस राज्य के बारे में मुझे ज्यादा विस्तार से लिखना चाहिए। मेरे लिए यह सुखद आश्चर्य था कि 1743 ईस्वी में राजसत्ता छिन जाने पर भी देवगढ़ के शासकों के वंशज अपना अस्तित्व कायम रख पाए और इतिहास में गुम न होकर अभी भी समाज के जाने-माने हिस्से हैं।

देवगढ़ राज्य के बारे में मध्यकाल के फारसी स्रोतों में जो जानकारी मिलती है वह काफी पहले से ज्ञात है। किन्तु जो मराठी दस्तावेज इस राज्य के इतिहास के सम्बन्ध में मिले हैं, वे कई नई और उपयोगी जानकारियाँ देते हैं। इस

पुस्तक को तैयार करने में मुझे सी. यू. विल्स, डॉ. पी. जी. वेलणकर और डॉ. बी. आर. अन्धारे की कृतियों से काफी सहायता मिली है और मैंने यथास्थान इसका उल्लेख किया है।

और अन्त में, अपनी पत्नी शीला का कृतज्ञ हूँ कि उन्होंने इस पुस्तक के लेखन के दौरान अकेलेपन को फिर खामोशी से झेला।

ई-1/138 अरेरा कॉलोनी, भोपाल

—सुरेश मिश्र

मानचित्र

देवगढ़ राज्य अपने चरमोत्कर्ष काल में

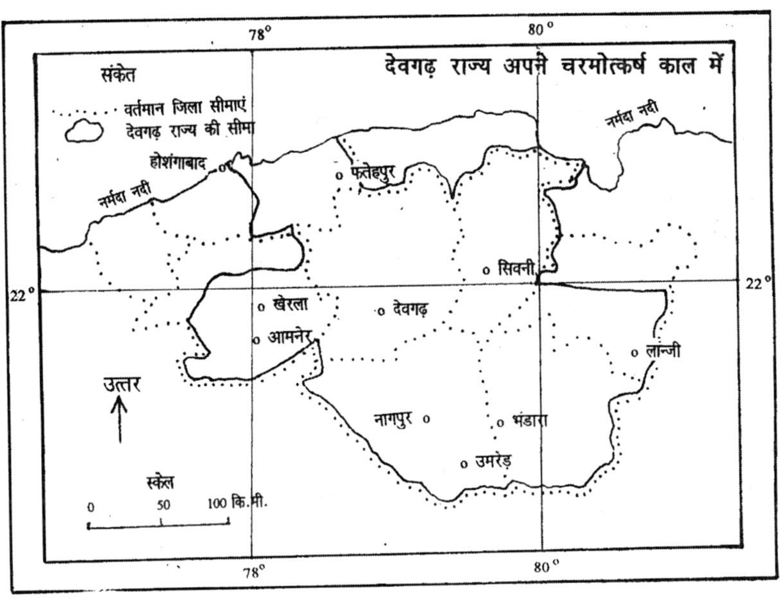

अनुक्रम

परिवेश और लोग

प्रदेश

देवगढ़ राज्य पहले सतपुड़ा के अंचल में विकसित हुआ जो अपनी प्राकृतिक स्थिति के कारण अपेक्षाकृत सुरक्षित था। बाद में उसका विस्तार उत्तर में नर्मदा के कछार में और दक्षिण में नागपुर और भंडारा के मैदानी इलाके में हुआ। यह पूरा इलाका विविधतापूर्ण था। नर्मदा नदी से लेकर दक्षिण में नागपुर-भंडारा के मैदानी इलाके तक फैले इस क्षेत्र में उपजाऊ मैदानी इलाके भी हैं और ऐसे पर्वतीय क्षेत्र भी हैं जो सघन वनों से भरपूर हैं।

इसके उत्तरी भाग में सतपुड़ा पर्वत और नर्मदा के बीच का वह भाग शामिल था जो तवा नदी और दुधी नदियों के बीच में है। काली और गहरी मिट्टीवाला यह इलाका नर्मदा घाटी में आता है और इसमें खेती योग्य भूमि ज्यादा है और यह गेहूँ उत्पादन का क्षेत्र रहा है। इसके अलावा चना और तुअर भी यहाँ होता है। देवगढ़ राज्य का पूर्वी भाग मेकल के पठार में स्थित था। इस इलाके में सागौन और साल के श्रेष्ठ वन हैं और बाँस तथा मिश्रित प्रजाति के वन भी हैं। वनों के बीच में जहाँ भी समतल भूमि-पठारों पर अथवा घाटियों में पाई जाती है, वहाँ कृषि होती है। चावल इस इलाके की प्रमुख खाद्य फसल है।

देवगढ़ राज्य का मध्य का और पश्चिमी हिस्सा जिसमें वर्तमान बैतूल, छिन्दवाड़ा और सिवनी जिले हैं, सतपुड़ा क्षेत्र में आता था। नर्मदा नदी के दक्षिण में सतपुड़ा पर्वत श्रेणी पूर्व से पश्चिम तक समानान्तर रूप में फैली है। इसका अधिकांश भाग पहाड़ों और सघन जंगलों से ढँका है। कहीं-कहीं कुछ सँकरी उपजाऊ घाटियाँ छूट गई हैं। समुद्र सतह से इसकी ऊँचाई 600 मीटर से लेकर 1200 मीटर तक है। सतपुड़ा अपने दक्षिण और उत्तर के मैदानों के लिए जल विभाजक का काम करता है। उत्तर को बहनेवाली नदियाँ नर्मदा में जाकर

मिलती हैं और दक्षिण को बहनेवाली बैनगंगा, वर्धा, पेंच और कन्हान नदियों का पानी गोदावरी नदी में जाता है। पश्चिम की ओर ताप्ती नदी और पूर्व की ओर महानदी और सोन बहती हैं। इस अंचल में औसत वार्षिक वर्षा लगभग 125 से. मी. होती है। सतपुड़ा क्षेत्र में अच्छे और घने वन हैं जिनमें सागौन की बहुतायत है। वर्तमान में वनों की सघनता का अनुमान इससे लगाया जा सकता है कि इस क्षेत्र में पेंच नेशनल पार्क है। कृषि के हिसाब से यह क्षेत्र विविधतापूर्ण है। बैतूल क्षेत्र की मुख्य फसलें जुआर और गेहूँ हैं, सिवनी क्षेत्र की गेहूँ और चना तथा छिन्दवाड़ा क्षेत्र की मुख्य फसलें मक्का और ज्वार हैं। इन इलाकों में गेहूँ कम बोया जाता है। पहाड़ी और अनुपजाऊ क्षेत्रों में कोदों, कुटकी और सरसों की फसल भी उगाई जाती है।

देवगढ़ राज्य के दक्षिणी हिस्से में महाराष्ट्र के नागपुर और भंडारा जिलों के उत्तरी हिस्से हैं। यह इलाका कन्हान और बैनगंगा की घाटी में आता है और काफी उपजाऊ है। कन्हान बैनगंगा की सहायक नदी है और बैनगंगा गोदावरी में मिलती है। कन्हान की घाटी में अपेक्षाकृत कम बारिश होती है और वहाँ कपास और मूँगफली की फसल ली जाती है। बैनगंगा नदी के आसपास के क्षेत्र में बारिश अपेक्षाकृत ज्यादा होती है और यहाँ की मुख्य फसल चावल है। देवगढ़ राज्य के पतन के दिनों में इस उपजाऊ इलाके को आधार बनाकर ही नागपुर के भोंसले शासकों ने अपना विस्तार किया था।

मध्यकालीन विवरण

यह भी देखना ठीक होगा कि मध्यकाल के ऐतिहासिक स्रोतों से इस इलाके की भौगोलिक स्थिति के बारे में क्या सूचना मिलती है। मध्यकाल में इस इलाके के बड़े हिस्से में इतने घने वन थे कि यहाँ कई जगह हाथी पाए जाते थे। आइन-ए-अकबरी में इस बात का एकाधिक जगह उल्लेख है। सूबा बरार के अन्तर्गत खेरला के किले का वर्णन करते हुए अबुल फ़ज़्ल लिखता है, "इसके पूर्व में जाटबा नामक जमींदार रहता है जिसके पास 2000 घुड़सवार, 50 हजार पैदल और 100 से ज्यादा हाथी हैं...यहाँ के सभी निवासी गोंड हैं। इस इलाके में हाथी पाए जाते हैं।"[1] इसी प्रकार शाही हाथीखाने का विवरण देते हुए अबुल फ़ज़्ल लिखता है, "हाथी नरवर से लेकर बरार तक के जंगलों में, मालवा सूबे में हंडिया, उछोड़, चन्देरी, सतवास, बीजागढ़, रायसेन, होशंगाबाद, देवगढ़ और

हरयागढ़ में हाथी पाए जाते हैं।"[2] आज भी विन्ध्य सतपुड़ा के वन्य प्रदेशों में वन्य जीव काफी तादाद में मिलते हैं और इस इलाके में आज भी राष्ट्रीय वनोद्यान और अभयारण्य हैं।

गोंड

सूबा बरार के अन्तर्गत खेरला के किले का वर्णन करते हुए अबुल फ़ज़्ल लिखता है कि, "यहाँ के सभी निवासी गोंड हैं।"[3] 'आइन-ए-अकबरी' में देवगढ़ सरकार के वर्णन में अबुल फ़ज़्ल 57 महालों में से 56 महालों के जमींदार गोंड बताए गए हैं।[4] इस इलाके का विवरण देते हुए अबुल फ़ज़्ल 'अकबरनामा' में लिखता है कि "इस इलाके में गोंड रहते हैं। उनकी तादाद बहुत ज्यादा है और वे ज्यादातर जंगली इलाकों में रहते हैं। वहाँ रहते हुए वे खाने-पीने और सन्तान पैदा करने में लगे रहते हैं। वे निम्न कोटि के लोग हैं और हिन्दुस्तान के लोग उनसे नफरत करते हैं और उन्हें अपने धर्म और कानून के बाहर समझते हैं।"[5] चूँकि देवगढ़ राज्य की ज्यादातर आबादी गोंडों की थी इसलिए पहले गोंड समाज के बारे में विस्तार से लिखना उपयोगी होगा।

स्टीफेन हिस्लॉप[6] गोंडों को आंध्र प्रदेश में रहने वाले खोंड लोगों के समकक्ष बताते हुए कहते हैं कि गोंड शब्द 'कोंड' का ही एक रूप है क्योंकि 'क' और 'ग' बदल सकते हैं। ग्रियर्सन[7] का भी विचार है कि खोंड 'क' का सम्बन्ध गोंड 'कुई' से हो सकता है और इसी बात को आगे बढ़ाते हुए वे कहते हैं कि तेलुगुभाषी लोग खोंड को गोंड या कोंड भी कहते हैं। भाषा सम्बन्धी दृष्टिकोण से भी मालूम पड़ता है कि गोंड और खोंड भाषाएँ क्रमशः तमिल तथा तेलुगु के अधिक निकट हैं। इससे यह निष्कर्ष निकलता है कि गोंड तथा खोंड मूलतः एक ही कबीले के रहे होंगे और बाद में अपना मूल स्थान छोड़कर उत्तर की ओर जाने पर उनके नाम तथा भाषाओं में भेद हो गया। इसमें सन्देह नहीं कि गोंड उसी परिवार की द्राविड़ी भाषा बोलते हैं जिस परिवार की तमिल, कन्नड़ और तेलुगु हैं।[8] इससे प्रकट होता कि गोंड पहले तमिल तथा कन्नड़भाषियों के पड़ोस में रहते थे। इरावती कर्वे का भी कथन है कि कन्नड़ियों तथा गोंडों की लोक-कथाओं में जो समानता है उससे कन्नड़ियों से उनका सम्पर्क सिद्ध होता है।[9]

उपर्युक्त विवरणों से यह निष्कर्ष निकलता है कि गोंड मूलतः दक्षिण भारत के ही निवासी थे। इस निष्कर्ष को गोंडों के इतिहास तथा परम्परा से भी समर्थन

मिलता है। देवगढ़ राज्य के संस्थापक यादवराय के गोदावरी नदी के तट से उत्तर आने की सशक्त परम्परा गोंडों में विद्यमान है। फिर गोंडों के महानतम शासक संग्रामशाह के सिक्कों में तेलुगु लिपि का अंकन तेलुगुभाषियों से उसके तत्कालीन सम्पर्क को प्रकट करता है। रसेल तथा हीरालाल[10] तो दक्षिण से उत्तर को हुए गोंडों के प्रवास का मार्ग तक बताते हैं। उनके अनुसार वे गोदावरी नदी से चान्दा, इन्द्रावती, छत्तीसगढ़ तथा बैनगंगा नदी से होकर सतपुड़ा क्षेत्र में आए। तेलुगु लोगों से उनका सम्पर्क होने पर उन्होंने इन्हें गोंड नाम दिया होगा और यह नाम वे अपने साथ ले आए।

इन सारे मतों के विरुद्ध हेमेन्डॉर्फ[11] एक नई बात कहते हैं। वे कहते हैं कि गोंडों की भाषा द्राविड़ परिवार की है, इसका मतलब यह नहीं कि वे दक्षिण से आए। गोंडों की कोई आदिम भाषा थी, उसे छोड़कर उन्होंने अपने पड़ोसियों की, शासक वर्ग की द्राविड़ी भाषा अपना ली। हेमेन्डॉर्फ ने किस आधार पर ये निष्कर्ष निकाले हैं यह उन्होंने स्पष्ट नहीं किया है।

समाज और संस्कृति

गोंडों की प्रादेशिक प्रणाली गढ़ के नाम से जानी जाती है। गढ़ असल में एक प्रादेशिक इकाई है जो आज की तहसील के समकक्ष मानी जा सकती है। गोंड कुनबे या परिवार जिस गढ़ के क्षेत्र में रहते थे उस गढ़ के नाम को वे अपना गढ़ मानते हैं। अपना प्रदेश छोड़कर अन्य जगह बस जाने पर भी उन्होंने अपने गढ़ के नाम को कायम रखा। कुनबे के किसी सदस्य की मृत्यु होने पर वे अपने गढ़ को याद करते हैं क्योंकि यह काम उन्हें अपने खानदानी गृहग्राम में करना पड़ता था। कहीं और बस जाने पर पुराने गढ़ के स्थान पर नए गढ़ का नाम भी अपनाया जा सकता है। कई गढ़ों के नाम तो पहचाने जा सकते हैं पर कई नाम नहीं पहचाने जा सकते। गढ़ के अलावा गोंडों के गोत्र भी होते हैं और गोत्रों के नाम पेड़ों, जानवरों आदि के नाम पर भी हो सकते हैं। सामान्यतः उस गोत्र के सदस्य अपने टोटम के जानवर को नहीं मारते पर इस नियम का हमेशा पालन नहीं किया जाता।[12]

गोंडों में एक ही गोत्र में विवाह नहीं होता और न एक जैसे देवताओं की पूजा करने वाले सदस्य आपस में विवाह करते हैं। भाईबन्द गोत्रों के बीच विवाह निषिद्ध है। मामा, बुआ के बच्चों के बीच विवाह खासतौर से अच्छा माना जाता

है। पहले शायद, भाई की बेटी से बहिन के बेटे का विवाह ज्यादा प्रचलित था। यह मातृप्रधान समाज का अवशेष माना जाता है जिसमें किसी व्यक्ति की बहन का बेटा उस व्यक्ति का उत्तराधिकारी होता था। लेकिन इस कारण को अब सामान्यतः भुला दिया गया है और अब भाई के बेटे का विवाह बहिन की बेटी से करने का भी रिवाज हो गया है। इसका कारण यह माना जाता है कि उस व्यक्ति ने अपने परिवार की बेटी उसके पति के परिवार को दी है इसलिए उन्हें भी एक लड़की वापिस देनी चाहिए। ऐसे विवाह को दूध लौटाना कहा जाता है।[13]

गोंड समाज पितृसत्तात्मक है। पुरुष परिवार का मुखिया होता है फिर भी सयानी महिलाओं से हर कार्य में सलाह ली जाती है। गोंडों में महिलाएँ घर सँभालने के साथ ही घर के बाहर भी पुरुषों के कँधे से कँधा मिलाकर घर और बाहर का हर कार्य करती हैं। लड़का-लड़की की मर्जी के बजाय माता-पिता की रजामन्दी सर्वोपरि होती है। गोंडों के कई देवी-देवता हैं जिन पर वे अटूट आस्था रखते हैं, जिनमें बड़ा देव सबसे प्रमुख देवता है। गोंड अपने जीवन में भय, बीमारियों और दैवी आपदाओं से बचने के लिए कई मनगढ़न्त देवी-देवताओं की उपासना करते हैं और टोने-टोटके, जादू, झाड़-फूँक में ज्यादा विश्वास करते हैं।[14]

सामान्यतः गोंड अपने खेतों से दो फसलें लेते हैं, सियारी और उन्हारी। सियारी धान, कोदों, कुटकी, तिलहन, रमतिला, चावल, मक्का, तिली आदि की फसल है। उन्हारी में गेहूँ, चना, राई, मसूर अलसी आदि होते हैं। खेती ही उनकी जीविका का प्रमुख साधन है। गोंडों की आमदनी का दूसरा जरिया वनोपज को इकट्ठा करना और बेचना है। गोंड जहाँ रहते हैं उनके आसपास विशाल प्राकृतिक सम्पदा बिखरी रहती है। चावल की पेज (पीने योग्य बिलकुल पतली खिचड़ी) गोंडों के भोजन का प्रमुख अंग है और कोदों तथा कुटकी भी उनके भोजन के हिस्से होते हैं। महुए से बनी हुई दारू अर्थात् मदिरा उनका प्रिय पेय है, जिसे बच्चे, बूढ़े, युवक और महिलाएँ सभी पीते हैं। दारू गोंडों का संस्कार बन गई है। सगाई, विवाह और देवी-देवता की पूजा में दारू देना परम्परा रही है। महुआ गोंडों का महत्त्वपूर्ण भोजन भी है। गोंड कई प्रकार की सब्जियों तथा कन्द का प्रयोग करते हैं। गोंड मांसाहारी होते हैं और प्रायः सभी पशु-पक्षियों का मांस खाते हैं।[15]

गोंड पुरुष घुटने तक की धोती, बंडी, कँधे पर पिछौरा, सिर पर मुरेठा बाँधते हैं और कलाई में चाँदी का चूड़ा, गले में मोहर तथा कान में बूँदा अवश्य पहनना

चाहते हैं। गोंड स्त्रियों में शरीर गुदाने की प्रथा सबसे अधिक है। गोदना गुदवाने के पीछे यही भावना है कि ये स्त्री के सच्चे जेवरों की निशानी है, जो मरते समय भी उसके साथ जाती है और देवता इससे प्रसन्न रहते हैं। गोंडों के जीवन में नृत्य और गीतों का महत्त्वपूर्ण स्थान है। उनके प्रमुख नृत्य हैं—करमा और सैला। गोंड जिस बोली या भाषा का प्रयोग दैनिक जीवन में करते हैं, वह गोंडी कहलाती है। छिन्दवाड़ा, सिवनी, बैतूल, होशंगाबाद और बालाघाट जिलों के गोंड लगभग शुद्ध गोंडी बोलते हैं, परन्तु कई जगह वे छत्तीसगढ़ी भी बोलते हैं।[16]

इस विवरण से प्रकट होता है कि जिस क्षेत्र में देवगढ़ राज्य का विस्तार था वह ऐसा इलाका था जिसकी भौगोलिक दुर्गम स्थिति ने इसे उत्तर या दक्खन के इतिहास की मुख्य धारा से अलग रखा। उत्तर भारत की केन्द्रीय शक्ति का हस्तक्षेप यहाँ बहुत कम रहा। उत्तर से आने के रास्ते में विन्ध्याचल पर्वत, नर्मदा नदी और सतपुड़ा पर्वत पार करना होता था। इस कारण इस इलाके में स्थानीय सत्ता को पनपने का मौका मिला और उस पर आधिपत्य कायम रखने के लिए मुगलों को बारम्बार देवगढ़ पर धावे करने पड़े। देवगढ़ के शासकों ने अपनी सुरक्षित भौगोलिक स्थिति का हमेशा लाभ उठाने की कोशिश की और मौका मिलते ही उन्होंने मुगलों को कर देना बन्द किया और फिर से मुगल आक्रमण होने पर कर देना फिर शुरू कर किया। यह आँख-मिचौनी काफी समय तक चलती रही। उत्तर से तो देवगढ़ सुरक्षित रहा किन्तु जब दक्षिण के मैदानी भाग से मराठों ने धावे किए तब देवगढ़ राज्य का अस्तित्व खतरे में पड़ गया।

सन्दर्भ

1. अबुल फज़्ल, *आइन-ए-अकबरी,* जिल्द दो, (ब्लाकमैन), पृ. 237।
2. वही, जिल्द एक, पृ. 129।
3. वही, जिल्द दो, (ब्लाकमैन), पृ. 237।
4. वही, जिल्द दो, पृष्ठ 210-11 में जाति के कॉलम में उल्लिखित जाति निवासियों की न होकर वहाँ के जमींदारों की जाति थी। इरफान हबीब, *एग्रेरियन सिस्टम ऑफ मुगल इंडिया,* 1999, पृष्ठ 170-71।
5. अबुल फज़्ल, *अकबरनामा,* जिल्द दो, पृष्ठ 323।
6. हिस्लॉप पेपर्स, पृष्ठ 13, 15।
7. ग्रियर्सन (1906) चार, पृष्ठ 485।
8. राबर्ट काल्डवैल, *ए कम्परेटिव ग्रामर ऑफ दी ड्राविडियन एंड साउथ इंडियन फेमिली ऑफ लेंग्वेजेज़,* 1961, पृ. 626।

9. *किनशिप आर्गनाइजेशन इन इंडिया,* 1953, पृष्ठ 21।
10. रसेल और हीरालाल, *ट्राइब्स एंड कास्ट्स ऑफ सेन्ट्रल इंडिया,* 1916, तीन, पृ. 43।
11. हेमेन्डार्फ, *दि राजगोंड्स ऑफ आदिलाबाद,* 1948, जिल्द एक, पृ. 2-3।
12. स्टीफेन फुश, *द गोंड एंड भूमिया इन ईस्टर्न मंडला,* 1968, पृष्ठ 140-45।
13. रसेल और हीरालाल, *ट्राइब्स एंड कास्ट्स ऑफ सेंट्रल इंडिया,* जिल्द दो, पृ. 71।
14. शेख गुलाब, *गोंड,* आदिवासी लोक कला परिषद, भोपाल द्वारा प्रकाशित रसेल और हीरालाल, *ट्राइब्स एंड कास्ट्स ऑफ सेंट्रल इंडिया,* जिल्द तीन, पृ. 39-143।
15. वही।
16. वही।

देवगढ़ राज्य का उदय—जाटबा

भूमिका

देवगढ़ का गोंड राज्य सतपुड़ा के अंचल में सोलहवीं सदी के अन्त में अस्तित्व में आया और यह अठारहवीं सदी के मध्य तक मौजूद रहा। करीब पौने दो सौ साल के अपने इतिहास में देवगढ़ राज्य पहले गढ़ा-मंडला के गोंड राज्य के अधीन रहा और 1564 ईस्वी में गढ़ा राज्य पर मुगल बादशाह अकबर की विजय के बाद यह गढ़ा राज्य के साथ मुगल साम्राज्य का हिस्सा हो गया। मुगल साम्राज्य के सुदूर दक्षिण में दुर्गम इलाके पर स्थित देवगढ़ के शासकों ने अपनी स्थिति का फायदा उठाकर देवगढ़ राज्य का विस्तार किया। लेकिन उन्होंने इसके लिए उन मैदानी प्रदेशों को भी चुना जो सतपुड़ा पर्वत के दक्षिणी हिस्से में थे और अपनी दुर्गमता के साथ ही उपजाऊ भी थे। सत्रहवीं सदी के उत्तरार्द्ध में तो स्थिति यहाँ तक पहुँच गई कि जहाँ फारसी अखबारात में गढ़ा के राजा का कहीं उल्लेख नहीं आता है, वहाँ देवगढ़ के राजाओं का नाम कई बार आया है। वास्तव में देवगढ़ का उत्थान गढ़ा राज्य की निर्बलता से उत्पन्न शून्य का परिणाम था। मुगल साम्राज्य के दबाव के कारण देवगढ़ राज्य ने मुगलों की अधीनता स्वीकार की लेकिन दबाव कम होते ही उन्होंने कर देना बन्द किया और फिर से उन्हें मुगल सेनाओं द्वारा प्रताड़ित होना पड़ा। यह बात कई बार दोहराई गई। मुगलों के पतन के बाद देवगढ़ राज्य की स्थिति कुछ दशकों तक अच्छी रही किन्तु मराठों के उदय ने उसकी स्थिति संकटप्रद कर दी और बाद में मराठों ने ही इसका अस्तित्व समाप्त किया।

देवगढ़ के किले के खंडहर आज मध्यप्रदेश के छिन्दवाड़ा जिले में छिन्दवाड़ा से करीब 40 किलोमीटर दूर एक पहाड़ी पर स्थित हैं। करीब पौने दो सौ साल के अस्तित्व के दौरान देवगढ़ के शासकों का मुख्यालय पहले हरयागढ़, फिर देवगढ़, और अन्त में नागपुर रहा।

देवगढ़ राज्य के उदय के बारे में सी.यू. विल्स की टिप्पणी उल्लेखनीय है। विल्स के अनुसार देवगढ़ अपने इतिहास के प्रारम्भिक चरणों में जिस रास्ते से विकसित हुआ, वह गढ़ा राज्य द्वारा अपनाए गए रास्ते से भिन्न था। उत्तरी गोंडवाना में मुगलों की सत्ता स्थापित होने के पहले वह कभी स्वतंत्र नहीं रहा और न ही तब हिन्दू प्रभाववाले ऐसे हिन्दू राज्य के रूप में भी उदित हुआ, जिसके पुरोहित ब्राह्मण हों और सैनिक तथा असैनिक अधिकारी हिन्दू हों। इसके शासकों ने पड़ोस के राजपूत राजाओं के समक्ष सामाजिक बराबरी का दर्जा भी कभी प्राप्त नहीं किया। देवगढ़ का राजवंश गढ़ा के राजवंश के समान शुद्ध राजपूत रक्त का या शुद्ध राजपूत सम्बन्धों का दावा भी नहीं करता। उसके प्रतिनिधि खुद को 'गोंडों के बीच के शासक वर्ग' कहते हैं और इस प्रकार यह स्वीकार करते हैं कि उनका उदय आधुनिक काल में हुआ था। देवगढ़ में अलग से किसी मुस्लिम विजय का उल्लेख भी नहीं मिलता क्योंकि आसफखाँ की विजय के समय यह गढ़ा राज्य का हिस्सा था।[1]

देवगढ़ राजवंश का पारम्परिक इतिहास

देवगढ़ राज्य के प्रारम्भिक राजाओं का एक पारम्परिक विवरण 1864 में प्राप्त एक दस्तावेज में दिया गया है। इसमें वंश की शुरुआत महाभारतकालीन राजा विचित्रवीर्य से मानी गई है और 25वीं पीढ़ी के राजा का नाम रूपशाह दिया गया है। इस वंशावली में 51वीं पीढ़ी में महीपतशाह, 52वीं में सुरबाशाह, 53वीं में बीरभानशाह तथा 54वीं पीढ़ी में जाटबाशाह अजानबाहु का नाम है।[2]

दूसरे पारम्परिक विवरण के अनुसार पहले देवगढ़ का राज्य गवली लोगों के पास था। सांडबाशाह गढ़ा का शासक था जिसकी तलवार लकड़ी की थी। उसने देवगढ़ के गवली राजा को मारकर राज्य पर अधिकार कर लिया और उसके भाईबन्द गढ़ा में बने रहे। उसके बाद उसके बेटे हरियाराव ने राज किया। उसके बाद सोनबाशाह, फिर उसके बेटे सुरबाशाह और फिर उसके बेटे महिपतशाह, फिर उसके बेटे सवाई सुरबाशाह ने और फिर बीरभानशाह ने और फिर जाटबाशाह अजानबाहु ने राज्य किया।[3]

तीसरे पारम्परिक विवरण के अनुसार जाटबा का जन्म एक कुँवारी कन्या से शमी वृक्ष के नीचे हुआ था। जब वह जवान हुआ तो देवगढ़ के गौली बन्धु रणशूर और घनशूर के यहाँ नौकर हो गया। ये दोनों बन्धु देवगढ़ राज्य के राजा थे। जाटबा बड़ा बलशाली था। दीपावली के समय राजा ने जाटबा को लकड़ी की

तलवार से भैंसा मार डालने की आज्ञा दी। लकड़ी की तलवार हाथ में लेते ही देवी की कृपा से वह फौलाद की बन गई। जिससे उसने सरलता से भैंसे को मार डाला और फिर उसने हाथी पर बैठे हुए दोनों भाइयों रणशूर और घनशूर को मारकर उसने देवगढ़ की राजगद्दी प्राप्त कर ली।[4]

एक और पारम्परिक इतिहास का विवरण देते हुए विल्स लिखते हैं कि देवगढ़ राजवंश का पारिवारिक इतिहास एक मराठी दस्तावेज में है जो देवगढ़ राजवंश के पेंशनयाफ्ता मौजूदा (1923 ईस्वी) वंशज के ससुर कुँवर दौलतशाह के पास है। वे लिखते हैं—कहा जाता है कि इसे 1876 ईस्वी में पुरानी सनदों और दस्तावेजों के आधार पर देवगढ़ दरबार के वंशानुगत मानकारी या दरबारी गोविन्दराव ब्राह्मण द्वारा तैयार किया गया था और इसके आधार पर सर आर. क्रेडॉक ने 1897 के नागपुर जिले की अपनी बन्दोबस्त रपट में देवगढ़ राजवंश का इतिहास लिखा था। इस विवरण में देवगढ़ राजवंश की शुरुआत भगवान विष्णु से बताई गई है। विष्णु की 44वीं पीढ़ी में राजा कर्ण हुआ जो पन्हालगढ़ के नाग राजा की राजधानी पहुँचा। राजा की बेटी से उसे बेटा हुआ, जिसका नाम भुरदेव या भुवरराव रखा गया। भुरदेव से 35वीं पीढ़ी में सरबाशाह हुआ जिसने देवगढ़ के गवली राजा को मारकर वहाँ अधिकार कर लिया। किन्तु पाँच पीढ़ी बाद उसका वंशज बीरभानशाह हरयागढ़ के गवली राजाओं रणशूर और घनशूर द्वारा अपदस्थ कर दिया गया। गवलियों ने 1472 से लेकर 1542 तक 70 साल देवगढ़ पर राज्य किया और उसके बाद वे बीरभानशाह के बेटे विख्यात जाटबा द्वारा मार डाले गए। चौदह साल बाद अकबर भारत का बादशाह हुआ और 1590 में वह देवगढ़ आया और जाटबा को उसने ढेर सारे सम्मान दिए। 60 साल के समृद्ध शासन के बाद जाटबा का निधन 1602 में हो गया। उसे देवगढ़ में ही दफनाया गया।[5]

यह कहानी काल्पनिक है क्योंकि जब जाटबा के पूर्वज 1564 तक गढ़ा के राजाओं के अधीन थे तो वे गवली राजाओं के अधीन कैसे हो गए। विल्स का निष्कर्ष यह है कि गवली राजाओं के शासन की बात आधारहीन है और इसकी कल्पना सिर्फ इसलिए की गई कि जिससे देवगढ़ परिवार के नायक जाटबा को एक सुविधाजनक ऐतिहासिक पृष्ठभूमि दी जा सके।[6]

ऐतिहासिक विवरण

मध्यकाल में देवगढ़ का पहला उल्लेख अबुल फ़ज़्ल की प्रसिद्ध कृति 'आइन-ए-अकबरी' में मुगल सूबा मालवा की गढ़ा सरकार के एक महाल के रूप

में मिलता है, और बताया गया है कि इन महालों से मुगल बादशाह को 9 लाख दाम की आय होती थी। देवगढ़ के साथ हररिया (हरया) का भी उल्लेख महाल के रूप में किया गया है। पहले हररिया का नाम है और बाद में देवगढ़ का।[7] इससे प्रतीत होता है कि देवगढ़ की तुलना में तब हररिया का महत्त्व ज्यादा था। एक अन्य स्थान पर अबुल फ़ज़्ल हरयागढ़ के प्रमुख के रूप में हरया के राजा उल्लेख करता है।[8] किन्तु देवगढ़ के राजा का नाम इन विवरणों में नहीं है।

1564 ईस्वी तक हरया का राजा और देवगढ़, गढ़ा राज्य के शासकों के अधीन थे क्योंकि अबुल फ़ज़्ल स्पष्ट कहता है कि हरयागढ़ का राजा हमेशा मालवा के सूबेदार के अधीन रहा किन्तु सीधे तौर पर वह गढ़ा के मर्जबान के अधीन था।[9] यह भी उल्लेखनीय है कि गढ़ा राज्य की रानी दुर्गावती के प्रतापी ससुर के 52 गढ़ों की जो सूची स्लीमेन ने दी है उसमें देवगढ़ का उल्लेख न होकर हरयागढ़ का उल्लेख है।[10]

तुलोबा

देवगढ़ के जिस पहले शासक की जानकारी हमें उपलब्ध है वह है—तुलोबा। किन्तु आगे के विवरण से लगता है कि वह गोंड वंश का नहीं था। तुलोबा के द्वारा 1578 में जारी की गई एक सनद मिलती है। जिसमें अधिकारी जाटबा की सिफारिश पर विस जोशी और कोंड जोशी को अनुदान में गाँव दिया गया है। इस सनद में कोई तिथि न देकर केवल यह लिखा है कि यह सिद्धार्थ संवत्सर में दी गई है। सनद में तुलोबा किस वंश का शासक था यह भी नहीं लिखा है। वेलनकर का मत है कि सिद्धार्थ संवत्सर के आधार पर यह 1578 ईस्वी या उसके 60 साल पहले की यानी 1518 ईस्वी की हो सकती है। उनका निष्कर्ष है कि चूँकि अधिकारी जाटबा ही तुलोबा के बाद देवगढ़ का शासक बना और ऐतिहासिक साक्ष्यों के आधार पर यह स्पष्ट है कि जाटबा मुगल बादशाह अकबर का समकालीन था, इसलिए तुलोबा की सनद 1578 ईस्वी की होनी चाहिए। वेलनकर का यह भी मत है कि तुलोबा शायद गवली वंश का था और उसके वंशज से जाटबा ने सिंहासन हड़प लिया होगा।[11]

यह स्मरणीय है कि अकबर के समय देवगढ़ तब मालवा सूबे की गढ़ा सरकार के अन्तर्गत था। 'आइन-ए-अकबरी' में मालवा सूबे की गढ़ा सरकार के 57 महालों की सूची में हररिया और देवगढ़ का स्पष्ट उल्लेख है। इसमें लिखा है "हररिया, देवगढ़, 2 महाल पहाड़ी पर लकड़ी का किला है। राजस्व 9 लाख दाम,

सेना 1500 घुड़सवार, 50 हजार पैदल, जाति गोंड।''[12] किन्तु इसमें किसी अन्य शासक का नाम नहीं है।

जाटबा

जाटबा देवगढ़ का ऐसा पहला शासक था, जिसका उल्लेख निर्विवाद रूप से इतिहास में मिलता है। देवगढ़ के शासक के रूप में जाटबा का उल्लेख 'अकबरनामा' और 'आइन-ए-अकबरी' दोनों में मिलता है और इस कारण जाटबा की ऐतिहासिकता सन्देह से परे है। यह भी तय है कि देवगढ़ में गोंड सत्ता का संस्थापक जाटबा ही था। 'अकबरनामा' में अकबर के शासन के अट्ठाइसवें साल यानी 1584 ईस्वी के विवरण में अबुल फज़्ल लिखता है—''इस समय की एक घटना मोहम्मद जमान की मृत्यु थी। वह मोहम्मद यूसुफ खान का चचेरा भाई था। उसने मालवा के एक बड़े जमींदार जाटबा के खिलाफ एक सेना का नेतृत्व किया था। जाटबा ने उसे भेंट भेजी और अच्छी सेवा करने का वादा किया। अनुभवहीनता के कारण मोहम्मद जमान नए समझौते का भी उल्लंघन करके हरया शहर रवाना हुआ और लूटमार की। इसके बाद उसने देवगढ़ को लूटा। यह सुनकर कि शिविर को लौटने का रास्ता छोटा है, वह बिना सोचे-समझे उस दिशा में चला गया। उसे उस रास्तें में ऐसी घाटियाँ मिलीं कि जिन्हें पार करना कठिन था। वह कुछ लोगों के साथ रुक गया और उसने अपनी सेना और माल-असबाब को आगे रवाना कर दिया। फिर वह शराब पीने बैठ गया। तभी जमींदार को मौका मिला और मोहम्मद जमान मारा गया।''[13] इस घटना से यह प्रतीत होता है कि इस सुदूर इलाके पर बादशाह अकबर का नियंत्रण काफी कमजोर था। तभी मोहम्मद जमान ने जाटबा के समझौते की उपेक्षा करके उसके इलाके में लूटमार करने का दुस्साहस किया।

'आइन-ए-अकबरी' में मालवा सूबे की गढ़ा सरकार के विवरण में हररिया-देवगढ़ में दो महाल बताए गए हैं और उनकी आय 9 लाख दाम बताई गई है। किन्तु शासक का नाम यहाँ नहीं दिया गया है।[14]

'आइन-ए-अकबरी' में बरार के सूबे के अन्तर्गत भी जाटबा का उल्लेख है। बरार के सूबे का वर्णन करते समय 'आइन-ए-अकबरी' में अबुल फज़्ल लिखता है—''खेरला, मैदान में एक मजबूत किला है...इसके पूर्व में चाटवा (जाटबा) नामक जमींदार रहता है जिसके पास 2000 घुड़सवार, 50 हजार पैदल और एक सौ से ज्यादा हाथी हैं। पहले इसके पड़ोस में हतिया नामक जमींदार था, किन्तु

अब उसके पास के प्रदेश अन्य लोगों के अधिकार में हैं। सभी लोग गोंड हैं। इस इलाके में जंगली हाथी पाए जाते हैं। यहाँ के सरदार हमेशा मालवा के हाकिम के करद रहे हैं। पहला गढ़ा के मर्जबान को कर देता था और अन्य लोग हंडिया सरकार को कर देते थे।"[15] आगे जाटबा के बारे में 'आइन-ए-अकबरी' में लिखा है कि खेरला सरकार के जो 22 परगने जाटबा के पास और अन्य कुछ जमींदारों के पास हैं उनसे मिलने वाला राजस्व सरकारी खाते में शामिल नहीं किया गया है।[16]

जाटबा के बारे में मालवा सूबे और बरार सूबे के अन्तर्गत दिए गए विवरण में जो विरोधाभास है, उसे समझना कठिन नहीं है। विल्स इसका ठीक स्पष्टीकरण देते हैं कि बरार के सूबे का विवरण 'आइन-ए-अकबरी' में बाद में तब जोड़ा गया जब 1596-97 में अहमदनगर से हुई सन्धि के बाद बरार मुगलों को दिया गया। तभी देवगढ़ को मालवा सूबे से हटाकर बरार के सूबे में रखा गया। उस समय बरार के सूबे की व्यवस्था नहीं हो पाई थी और अहमदनगर के प्रशासन के विवरण को ही 'आइन-ए-अकबरी' में शामिल कर लिया गया होगा।[17]

गढ़ा राज्य को मालवा के सूबे में शामिल करने के उपरान्त वहाँ मुगल अधिकारी नियुक्त किए जाने का उल्लेख मिलता है। किन्तु 1587-88 के उपरान्त वहाँ मुगल अधिकारी नियुक्त होने का उल्लेख नहीं मिलता। इससे अनुमान लगता है कि गढ़ा राज्य के इलाकों का प्रशासन वहाँ के स्थानीय राजाओं पर ही छोड़ दिया गया। इस स्थिति का लाभ जाटबा ने उठाया और उसने अपनी स्थिति मजबूत की। जाटबा को एक लाभ यह था कि उसका इलाका यानी देवगढ़ का राज्य मुगल साम्राज्य के दक्षिणी छोर पर दुर्गम इलाके में था और वह बरार के निजामशाही राज्य की कमजोरी का फायदा उठाकर नागपुर की तरफ अपना विस्तार कर सकता था। उसने ऐसा किया भी। उसने खेरला की तरफ कुछ परगनों पर अधिकार कर लिया था यह 'आइन-ए-अकबरी' में बरार के सूबे के विवरण में दिया गया है। जब 1595-96 में बरार पर मुगल साम्राज्य का अधिकार हुआ और जब बरार का सूबा बना तो देवगढ़ का विस्तार रुक गया। वह अब बरार के सूबे का हिस्सा बन गया था और दक्षिण की तरफ बढ़ने का अर्थ था मुगल इलाके से टकराव। इस कारण अब देवगढ़ का विस्तार दक्षिण की तरफ रुक गया।

जहाँगीर के समय

जाटबा का अगला उल्लेख जहाँगीर की आत्मकथा में मिलता है। अपने शासन के

ग्यारहवें वर्ष यानी 1616 में बादशाह जब अजमेर के सूबे से दक्षिण मालवा के सूबे की यात्रा पर जा रहा था तब दोनों सूबों की सीमा को पार करने के कुछ रोज बाद वह अपनी आत्मकथा में लिखता है—"इस इलाके के एक प्रभावशाली जमींदार जाटबा ने भेंट के रूप में दो हाथी मुझे भेजे और ये हाथी मेरे सामने लाए गए थे।"[18]

जाटबा को मालवा का एक महान और प्रभावशाली जमींदार कहा गया है और 'आइन-ए-अकबरी' के अनुसार उसके पास 50 हजार पैदल सैनिक, 1500 घोड़े और एक सौ हाथी थे। इतने सैनिक, गढ़ा सरकार में किसी जमींदार के पास नहीं थे। उसके नाम का तांबे का सिक्का मिला है जिसमें 'श्री राजा जाटबा प्रतिराज' लिखा है। यह सिक्का नागपुर संग्रहालय में है।[19] जाटबा के उत्तर-पूर्व और पश्चिम में मुगल प्रदेश थे इसलिए विस्तार के लिए उसने दक्षिण के मैदानों की ओर जाना बेहतर समझा। हरयागढ़ से राजधानी देवगढ़ आना इस बात का संकेत है कि जाटबा किस दिशा में विस्तार करनेवाला था। लगता है कि निधन के पहले जाटबा ने नागपुर के मैदान पर अधिकार कर लिया था। इस बात के प्रमाण हैं कि 1637 में नागपुर देवगढ़ के राज्य के अन्तर्गत था।

देवगढ़ के पारिवारिक इतिहास में जाटबा का शासन 1542 ई. से 1602 ई. तक बताया गया है पर उसका शासनकाल 1580 ई. से 1620 ई. तक मानना ठीक होगा।[20]

यहाँ एक बात यह ध्यान देने योग्य है कि सोलहवीं सदी के समाप्त होने तक सतपुड़ा अंचल के गोंड राजाओं के बाहरी सम्बन्ध मुख्यतः रीवा के बघेल राजा से फिर मालवा के सुल्तानों से और उसके बाद में मालवा सूबा के अन्तर्गत गढ़ा और हंडिया सरकार के मुगल अधिकारियों से रहा। पर अकबर के शासन के अन्तिम सालों में दक्खन में तीन नए सूबे बने। इनमें से एक था बरार का सूबा और देवगढ़ राज्य का दक्षिणी हिस्सा मुगल साम्राज्य के इस नए सूबे के सम्पर्क में आया। 17वीं और 18वीं सदी में देवगढ़ के इतिहास का सम्बन्ध पहले दक्खन के मुस्लिम वाइसरायों और बरार के सूबेदारों से और बाद में मराठा सरदारों से हुआ जिन्होंने क्रमशः मुगल प्रदेशों के इस हिस्से पर अतिक्रमण किया। 'आइन-ए-अकबरी' में देवगढ़ हरियागढ़ के साथ मात्र एक परगना था जो मालवा सूबे की गढ़ा सरकार के अन्तर्गत था। किन्तु जब बरार का सूबा बना तो देवगढ़ को सरकार के रूप में बरार सूबे में शामिल किया गया। देवगढ़ का विस्तार दक्षिण की ओर होने के कारण उनकी शत्रुता पड़ोस के चान्दा के गोंड राजा के साथ हुई

और हम आगे देखेंगे कि चान्दा के शासक देवगढ़ को उखाड़ फेंकने में मुगलों का साथ देने के लिए एकाधिक बार तैयार रहे।[21]

सन्दर्भ

1. सी.यू. विल्स, *द राजगोंड महाराजाज़ ऑफ द सतपुड़ा हिल्स,* 1923, पृ. 124।
2. देशपांडे और लांडगे, *विदर्भातील ऐतिहासिक लेख संग्रह,* खंड पहला, 1959, लेखांक 1, पृ. 2-3।
3. वही, लेखांक 2, पृ. 6-7।
4. रविशंकर शुक्ल अभिनन्दन ग्रन्थ, 1955, पृ 57. छिन्दवाड़ा डिस्ट्रिक्ट गैजेटियर, सिन्हा, 1995, पृ. 43।
5. विल्स, पृष्ठ 126, 127, रविशंकर शुक्ल अभिनन्दन ग्रन्थ, 1955, पृ 57 की पाद टिप्पणी भी देखें।
6. वही, पृष्ठ 130।
7. *आइन-ए-अकबरी,* जिल्द दो, अंग्रेजी अनुवाद, जैरेट, 1989 रिप्रिन्ट, पृ. 211।
8. *अकबरनामा,* जिल्द दो, अंग्रेजी अनुवाद एच. बेवरिज, 1989 रिप्रिन्ट, पृ. 324।
9. *आइन-ए-अकबरी,* दो, पृ. 237।
10. स्लीमेन, जर्नल ऑफ एशियाटिक सोसायटी ऑफ बंगाल, 1837, पृष्ठ 545-546।
11. देशपांडे और लांडगे, *विदर्भातील ऐतहासिक लेख संग्रह,* खंड पहला, 1959, लेखांक 6, पृ. 24-25, पी.जी. वेलणकर, नागपुर विश्वविद्यालय में प्रस्तुत अप्रकाशित शोधप्रबन्ध *'द गोंड किंगडम ऑफ देवगढ़, इट्स राइज एंड फाल',* पृ. 188।
12. *आइन-ए-अकबरी,* जिल्द दो, पृ. 211।
13. *अकबरनामा,* जिल्द तीन, अंग्रेजी अनुवाद एच. बेवरिज, 1989 रिप्रिन्ट, पृ. 637।
14. *आइन-ए-अकबरी,* जिल्द दो, पृ. 211।
15. वही, पृ. 237।
16. वही, पृ. 238।
17. विल्स, पृ. 132।
18. *मेम्वायर्स ऑफ जहाँगीर,* अंग्रेजी अनुवाद : रोजर्स और बेवरिज, एक, 1909, पृ. 349-50।
19. वा.वि. मिराशी, संशोधन मुक्तावली (सर तिसरा), 1958, पृ. 214।
20. विल्स, पृ. 136।
21. वही, पृ. 138।

दलशाह और कोकशाह

दलशाह

देवगढ़ राज्य के पारम्परिक पारिवारिक वृत्तान्त के अनुसार जाटबा के आठ बेटे थे—दलशाह, हृदयशाह, दिनकरशाह, कोकशाह, पोलशाह, केसरीशाह, दुर्गशाह, वीरशाह। किन्तु 10 अप्रैल 1864 को देवगढ़ राजवंश की जो वंशावली तैयार की गई थी उसमें कहा गया है कि जाटबा के चार बेटे थे—दलशाह, कोकशाह, दुर्गशाह और केसरीशाह।[1] पर आगे दिए गए प्रमाणों से स्पष्ट होगा कि इन दोनों विवरणों को स्वीकार नहीं किया जा सकता, क्योंकि इसमें केसरीशाह को जाटबा का बेटा बताया गया है। केसरीशाह, कोकशाह का बेटा था और गद्दी पर बैठने के बाद उसने जाटबा द्वितीय नाम धारण कर लिया था। वास्तव में जाटबा के तीन बेटे थे—दलशाह, दुर्गशाह और कोकशाह। जाटबा का उत्तराधिकारी उसका ज्येष्ठ पुत्र दलशाह हुआ और वह 1620 में देवगढ़ राज्य की गद्दी पर बैठा।[2]

दलशाह के समय में देवगढ़ राज्य की सीमा से लगे गढ़ा राज्य का शासक प्रेमनारायण या प्रेमशाह राजसिंहासन पर था और उसके सम्बन्ध मुगल दरबार से अच्छे थे तथा सतपुड़ांचल का वह एक ताकतवर शासक था। उसकी राजधानी चौरागढ़ में थी जो आज नरसिंहपुर जिले में चौगान के नाम से जाना जाता है। उन दिनों जहाँगीर के शासन का अन्तिम दशक चल रहा था और शहजादा शाहजहाँ के विद्रोह और तदनन्तर जहाँगीर की बीमारी के कारण उत्पन्न स्थिति में यह सम्भव नहीं रहा होगा कि सतपुड़ा के दुर्गम इलाके में स्थित देवगढ़ राज्य पर साम्राज्य का प्रभावी नियंत्रण स्थापित किया जा सके। दलशाह को इसका लाभ जरूर मिला होगा। जहाँगीर की मृत्यु 1627 में होने के बाद उसका पराक्रमी बेटा शाहजहाँ बादशाह बना। शाहजहाँ के शासनकाल में

1633 में मुगल सेनाओं ने दक्खन के अहमदनगर राज्य को अधिकृत करके साम्राज्य में शामिल कर लिया। इससे आगे चलकर देवगढ़ के भाग्य पर भी गम्भीर असर पड़ा।

दलशाह का शासन कब तक रहा इसका कोई स्पष्ट प्रमाण नहीं है किन्तु दलशाह के भाई कोकशाह द्वारा मुकुन्द जोशी को 19 जुलाई 1634 को दी गई सनद[3] से यह प्रमाणित होता है कि जुलाई 1634 में कोकशाह देवगढ़ के राजसिंहासन को सुशोभित कर रहा था। स्पष्ट है कि दलशाह का शासन 1634 तक रहा और इस प्रकार उसने 14 साल राज्य किया।

कोकशाह

दलशाह के बाद कोकशाह देवगढ़ का शासक बना। यह पता नहीं चलता कि कोकशाह के बड़े भाई दुर्गशाह का क्या हुआ। यह सम्भव है कि कोकशाह के राज्यारोहण के पहले उसका निधन हो गया हो या उसे दरकिनार कर दिया गया हो। जो भी हो, कोकशाह 1634 में देवगढ़ का राजा था।

1634 ई. की एक घटना का विवरण अब्दुल हमीद लाहौरी की पुस्तक बादशाहनामा में मिलता है जिसमें देवगढ़ के शासक का उल्लेख तो नहीं है, किन्तु यह दलशाह का उत्तराधिकारी कोकशाह हो सकता है। इसमें कहा गया है—"शाहजहाँ के शासन के आठवें साल (1634 ईस्वी) दरबार के शुभेच्छुओं ने पाया कि विद्रोही जुझार सिंह बुन्देला चौरागढ़ से दो कोस दूर शाहपुर नाम के गाँव में रुका है और उसने देवगढ़ के जमींदार के पास एक दूत भेजा है और उसकी प्रतीक्षा कर रहा है कि यदि वह जमींदार उसके वादों के झाँसे में आ गया तो वह उसके इलाके से होकर दक्खन को बच भागेगा। अब्दुल्ला खान बहादुर, फिरोज जंग और खानदौरान अपने अमीरों के साथ 25 तारीख को शाहपुर की तरफ बढ़े। अब आभागे जुझार सिंह ने जो कि अनिश्चिय की स्थिति में था, देवगढ़ के जमींदार की मृत्यु की खबर सुनकर बाहर आने का निर्णय किया। शाही सेनाओं के आने की खबर सुनकर जुझार सिंह ने चौरागढ़ के किले की तोपों को नष्ट कर दिया, वहाँ की अपनी सारी सम्पत्ति को जला दिया, किले के भीतर गढ़ा के जमींदार भीमनारायण द्वारा बनवाए गए आवासों को तोप से उड़ा दिया और अपने परिवार और माल असबाब के साथ लॉजी और करोला होकर दक्खन की ओर रवाना हो गया। उस समय लॉजी और करोला देवगढ़ के जमींदार के इलाके में थे।"[4] इस

विवरण से यह भी पता चलता है कि उस समय देवगढ़ राज्य का विस्तार बालाघाट जिले के लॉजी और करोला तक था।

कोकशाह का शासन शुरू होने के बाद ही दक्खन की घटनाओं में तेजी से बदलाव आया। 1636 में मुगल सेनाओं के सामने गोलकुंडा और बीजापुर ने भी समर्पण कर दिया और शहजादा औरंगजेब को दक्खन का वाइसराय बनाया गया। शहजादा औरंगजेब पहली बार 1636 से 1644 तक दक्खन का वायसराय रहा। इस दौरान दक्खन की राजनीति में तेजी से बदलाव आया और उस पर औरंगजेब की जोरदार नीति की छाप थी। दक्खन की राजनीतिक स्थिति में हुए इस परिवर्तन का असर देवगढ़ राज्य पर भी हुआ और हम पाते हैं कि इसके शीघ्र बाद शाहजहाँ के सेनानायक खानदौरान ने देवगढ़ पर आक्रमण किया। यह आक्रमण बरार की तरफ से किया गया।

पहला मुगल आक्रमण

खानदौरान के इस आक्रमण का विस्तृत उल्लेख मुगलों के दरबारी इतिहासकार अब्दुल हमीद लाहौरी ने अपनी पुस्तक 'बादशाहनामा' में किया है। वह लिखता है, ''शाहजहाँ शासन के दसवें साल यानी 1637 ई. में बरार के सूबेदार खानदौरान ने एलिचपुर के नायब सूबेदार सिपहदर खान और बरार की सेना के साथ गोलकुंडा के उत्तरी जिलों से होकर पवनार सरकार से होकर नागपुर को घेरने के लिए बढ़े। जिस पर देवगढ़ के गोंड शासक कोकिया का अधिकार था। खानदौरान देवगढ़ की तरफ बढ़ा और उसने केलझर और आष्टा के किलों पर अधिकार कर लिया। यह हालाँकि करार-माँदगाँव के परगने सूबा बरार में शामिल थे पर अब ये उन उपद्रवी गोंडों के अधिकार में थे, जिन्होंने उस इलाके के अधिकारियों और सूबेदार की सत्ता को चुनौती दी थी। खानदौरान नागपुर के पड़ोस में पहुँचा और उसने नागपुर से चौदह मील दूर शिविर डाल दिए। इसके बाद उसने कोकिया से चर्चा करने के लिए कनक सिंह बैस को इस सन्देश के साथ भेजा कि यदि वह (कोकिया) चाहता है कि उस पर आक्रमण न किया जाए तो उसे उपयुक्त पेशकश के साथ हाजिर होना चाहिए, नहीं तो उसके अस्तित्व को खत्म कर दिया जाएगा। इसके बाद जब विजयी सेना नागपुर से चार मील दूर रह गई तो कनक सिंह कोकिया के प्रतिनिधि के साथ खानदौरान के पास वापस लौटा और मालूम पड़ा कि देवगढ़ का शासक का दिमाग फिर गया है और उसे अपनी ताकत का घमंड हो गया है।

तब खानदौरान ने नागपुर के किले पर अधिकार करने का निश्चय किया जो कि देवगढ़ के राज्य के सभी किलों में सबसे ज्यादा मजबूत समझा जाता था। कोकशाह ने नागपुर के सूबे में देवाजी को सूबेदार के रूप में नियुक्त किया था और उसकी सेना नागपुर के किले में थी। नागपुर के किले के पास 20 फुट चौड़ी खाई थी और किले के चारों कोने पर चार बुर्जिया थीं।''

''खानदौरान ने खन्दकें खोदकर और अन्य तरीके अपनाकर किले की सेना के साहस को डिगाने का प्रयास किया और पाँच दिनों में उसने दुश्मन के संकल्प को डिगा दिया। किले के भीतर के सैनिकों ने शरण की याचना की। खानदौरान ने सन्देश भेजा कि यदि वे सुरक्षा चाहते हैं तो उन्हें सभी सम्पत्ति, हथियार और मवेशियाँ किले के भीतर छोड़कर किला खाली कर देना चाहिए। नहीं तो किले को तोपों से उड़ा दिया जाएगा। किन्तु किले के लोगों ने इसे अनसुना करके किले की सुरक्षा में सुधार करने की कोशिश की। मुगल सेना के सेनानायक ने दर्वेश सूर्ख पहलवान से सेना के खाई पार करने के लिए रास्ता निर्मित करने को कहा, जिससे मुगल सेना करीब 8 गज चौड़ी खाई को पार करके किले पर आक्रमण कर सके। मुगल सेना के सैनिकों ने पुल से खाई को पार करके किले को घेर लिया। इस गड़बड़ी के बीच खानदौरान के बुलाने पर चान्दा का जमींदार कृष्णशाह उर्फ कीवा अपने डेढ़ हजार घुड़सवारों और तीन हजार पैदल सैनिकों के साथ मुगल सेना के साथ हो लिया। उसने खर्च के लिए 70,000 रुपए भी दिए। गनौर के जमींदार शंकर राम भी खानदौरान के आदेश पर दो हजार घुड़सवारों और पाँच हजार सुसज्जित सैनिकों के साथ आ गया। वह अपने साथ पर्याप्त सम्पत्ति और मवेशियों को लाया। जो मुगल सेनाओं के अभियान के दौरान कोकियाँ के इलाके से भटक गई थीं और पहाड़ों, गुफाओं में शरण लिए हुई थीं। और अन्त में उसके हाथ पड़ गई थीं।''

नागपुर का घेरा

''मुगल सेना ने नागपुर के किले को घेर लिया और चार कोनों की कमान पहलवान दर्वेश, राजा जयसिंह, सिपहदर खान, तुगलक और कीवा (चान्दा का जमींदार) को सौंपी गई। जब सुरंग तैयार हो गईं और बुर्जों को उड़ाने के लिए उनमें बारूद भर दी गई तब कीवा ने खानदौरान से आग्रह किया कि उस मूर्ख और विवेकहीन राजा को एक मौका और दिया जाए। शायद वह दम्भ की नींद

से जाग जाए और समर्पण कर दे। इस प्रस्ताव से सहमत होकर खानदौरान ने कोकिया के पास एक आदमी भेजा जिसने कोकिया को सहमत कर लिया। उसने डेढ़ सौ हाथी और हथनियों के नामों की लम्बी सूची के साथ अपना प्रतिनिधि खानदौरान को यह बताने के लिए भेजा कि यदि वह घेरा उठा ले और उसकी सुरक्षा का वादा करें तो कोकिया खुद आकर इन डेढ़-सौ हाथियों को सौंपेगा। खानदौरान ने जवाब दिया कि कोकिया की सुरक्षा किले के खाली करने और सूची में उल्लिखत हाथियों के साथ आने पर निर्भर करती है जिससे कि खानदौरान किले की रक्षा के लिए अपनी सैनिक टुकड़ी नियुक्त कर सके। जब कोकिया का प्रतिनिधि किला खाली करने के लिए सहमत नहीं हुआ तो पहलवान दर्वेश की तैयार सुरंगों में आग लगा दी गई और किले की एक बुर्ज को उड़ा दिया गया। इसके बाद राजा जयसिंह की सुरंग में आग लगा दी गई, जो बड़े बुर्ज के किनारे पहुँच गई थीं। हालाँकि बारूद की कमी के कारण बुर्ज नहीं ध्वस्त हो पाई, तब भी उसकी नींव को बहुत नुकसान पहुँचा। सिपहदर खान के निरीक्षण में जो तीसरी सुरंग थी उसने पूरे बुर्ज को, किले की दीवार के एक हिस्से को और कई सैनिकों को उड़ा दिया और किले की दीवार में एक बड़ा छेद हो गया। सैनिक, खासकर सिपहदर खान और राजा जयसिंह के सैनिकों ने संकल्प के साथ किले में प्रवेश किया और सभी सैनिकों को काट डाला। किले के किलेदार देवाजी को जिन्दा पकड़ लिया गया। जब कोकिया ने मुगल सेना के सामने खुद को नष्ट होते देखा तो वह देवगढ़ से 60 मील चलकर नागपुर आया और उसने 19वीं शबान (16 जनवरी 1637) को खानदौरान से मुलाकात की। देवगढ़ के गोंड राजा ने खानदौरान के समक्ष पूरी तरह समर्पण कर दिया। उसने डेढ़ लाख रुपए और एक सौ सत्तर हाथी सौंपें। उसने बादशाह की अधीनता स्वीकार कर ली और भविष्य में बादशाह के प्रति निष्ठा की शपथ ली। उसने हर तीन साल में सरकारी खजाने को चार लाख रुपए देने का वादा भी किया। जब वैभवशाली मुगल सिंहासन के प्रति कोकिया की निष्ठा प्रकट हो गई तब खानदौरान ने उसे नागपुर का किला वापिस कर दिया। खानदौरान अपनी विजयी सेना के साथ काली की सीमा पर पहुँचा। वहाँ के प्रशासक भीमसेन ने खान के बढ़ते प्रताप से वशीभूत होकर खान के सामने समर्पण कर दिया और उससे खानदौरान ने एक हाथी और एक हथिनी भेंट में स्वीकार की।"[5] यह याद रखना होगा कि खानदौरान का आक्रमण नए प्रदेश की विजय के लिए नहीं था। वह तो मुगल साम्राज्य के एक इलाके के उस स्थानीय

शासक से कर वसूल करने के लिए था, जिसने कर देने से मना कर दिया था।

उपर्युक्त विवरण में जिस गनौर के जमींदार शंकरराम का उल्लेख है वह और कोई नहीं गिन्नौरगढ़ का जमींदार था। गिन्नौरगढ़ का किला वर्तमान में सीहोर जिले के पश्चिमी हिस्से में विन्ध्याचल की एक पर्वतश्रेणी पर है। इस विवरण का शासक कोकिया और कोई नहीं कोकशाह ही था। इससे यह बात स्पष्ट है कि नागपुर पर 1637 में देवगढ़ के शासकों का अधिकार था और मुगल भी उसे देवगढ़ के अधीन मानते थे। इस मुगल आक्रमण से देवगढ़ की आर्थिक हालत पर बहुत विपरीत प्रभाव पड़ा और उसे आने वाले दिनों में मुश्किलों का सामना करना पड़ा। बल्कि यह कहना होगा कि इस घटना के बाद के पचास साल तक यानी जब तक बरार वास्तविक रूप से मुगलों के पास रहा, तब तक देवगढ़ के भाग्य का सितारा मद्धम रहा।

कोकशाह की मृत्यु 1640 ई. में हुई और उसके बाद उसका बेटा केसरीशाह गद्दीनशीन हुआ।[6]

सन्दर्भ

1. *विदर्भातील ऐतिहासिक लेख संग्रह,* खंड एक, पृ. 2 और 3।
2. वेलणकर, पूर्वोक्त अप्रकाशित शोधप्रबन्ध, पृ. 98।
3. देशपांडे और लांडगे, *विदर्भातील ऐतिहासिक लेख संग्रह,* खंड एक, लेखांक 8, पृ. 27।
4. इलियट और डाउसन, *हिस्ट्री ऑफ इंडिया एज़ टोल्ड बाइ इट्स ओन हिस्टोरियन्स,* जिल्द दो, पृ. 47-50, जदुनाथ सरकार, *हिस्ट्री आफ औरंगजेब,* जिल्द एक, 1924, पृ. 18-27।
5. *बादशाहनामा,* जिल्द एक, भाग दो, पृ. 230-233।
   मासिर उल उमरा, अनुवाद मुगल दरबार, भाग तीन, 1952, पृ. 158 में भी।
6. जदुनाथ सरकार, *हिस्ट्री ऑफ औरंगजेब,* जिल्द पाँच, 1924, पृ. 404।

केसरीशाह उर्फ जाटबा द्वितीय

कोकशाह की मृत्यु के बाद उसका बेटा केसरीशाह 1640 में गद्दी पर बैठा।[1] पारिवारिक वृत्तान्त बताते हैं कि केसरीशाह, कोकशाह का भाई था किन्तु विल्स[2] के अनुसार केसरीशाह, कोकशाह का भाई न होकर उसका बेटा था। राजकुमार औरंगजेब और बादशाह शाहजहाँ के बीच में जो पत्र-व्यवहार हुआ उससे लगता है कि केसरीशाह, कोकशाह का बेटा था, क्योंकि औरंगजेब देवगढ़ के जमींदार जाटबा[3] का उल्लेख करता है और यह बात भी साफ है कि पत्रों में उल्लिखत यह जाटबा वह व्यक्ति नहीं है जिसने देवगढ़ राज्य की स्थापना की थी, क्योंकि वह तो बादशाह अकबर का समकालीन था। यदि केसरीशाह इस पहले जाटबा का बेटा होता और कोकशाह का भाई होता तो वह कभी भी अपने पिता का नाम नहीं अपनाता। जैसा कि हिन्दू शासकों में अपने पितामह का नाम अपनाने की परम्परा थी, केसरीशाह ने जाटबा प्रथम का नाम अपना लिया होगा और खुद को उसने जाटबा द्वितीय कहा होगा। इसके समर्थन में हम आदाब-ए-आलमगीरी में संकलित चिट्ठियों में उल्लिखित कोकशाह का जाटबा उर्फ केसरीशाह के पिता के रूप में उल्लेख पाते हैं। जिस पर 1637 में खानदौरान ने आक्रमण किया था। "जब स्वर्गीय खानदौरान ने मौजूदा जमींदार के पिता पर आक्रमण किया तो पिता सम्पन्न स्थिति में था और खानदौरान ने उसके उन हाथियों पर अधिकार कर लिया जो वह कई वर्षों से इकट्ठा कर रहा था।"[4]

इसके अलावा एक सिक्के[5] में कोकसुत जाटबा लिखा हुआ है यानी कोकशाह का पुत्र जाटबा। इससे साफ पता चलता है कि जाटबा, जो अपने को कोकशाह का बेटा कहता है, देवगढ़ वंश का संस्थापक जाटबा प्रथम नहीं था बल्कि जाटबा द्वितीय था और इसलिए केसरीशाह को कोकशाह का बेटा मानना चाहिए। इसलिए पारिवारिक वृत्तान्तों में यह बात गलत लिखी है कि केसरीशाह,

कोकशाह का भाई था। असल में यह कोकशाह का बेटा होना चाहिए। इसके अलावा केसरीशाह की एक सनद 1652 ईस्वी की है।[6]

मुगल बादशाह शाहजहाँ के शासन के 22वें साल में यानी 1648 में देवगढ़ पर उमदातुल्मुल्क शाहनवाज खान द्वारा आक्रमण किया गया[7] किन्तु इस आक्रमण का ज्यादा विवरण नहीं मिलता।

शहजादा औरंगजेब और बादशाह शाहजहाँ के बीच पत्र-व्यवहार

यह याद रखना जरूरी है कि शहजादा औरंगजेब 1636 से 1644 तक दक्खन का वायसराय रहा। इस दौरान बादशाह शाहजहाँ और शहजादा औरंगजेब के बीच देवगढ़ के बारे में पर्याप्त पत्र-व्यवहार हुआ। ये पत्र आदाब-ए-आलमगीरी में संग्रहित हैं और इनका पाठ विल्स ने अपनी किताब में दिया है।[8] इन पत्रों में बादशाह शाहजहाँ ने देवगढ़ के बारे में दक्खन के वायसराय शहजादा औरंगजेब को लगातार आदेश भेजे, जिससे औरंगजेब ने खुद देवगढ़ के मामले को निपटाने का निश्चय किया और कई चिट्ठियाँ लिखकर उसने देवगढ़ की हालत की शाहजहाँ को जानकारी दी। ये पत्र इस प्रकार हैं—

पहले पत्र में औरंगजेब ने बादशाह शाहजहाँ को लिखा, ''देवगढ़ के जमींदार से बकाया कर वसूली के बारे में मैं महामहिम को बाद में लिखूँगा। जहाँ तक देवगढ़ के जमींदार से बकाया कर वसूल करने का प्रश्न है, मेरा निवेदन है कि जमींदार हमेशा निष्ठावान रहा है। उसे अब शाही खजाने में कर की एक लाख रुपए सलाना की बकाया राशि जमा करना है। चूँकि देवगढ़ का जमींदार अपना राजस्व बहुत कम एकत्र कर पाया इसलिए वह बकाया नहीं चुका सका। चूँकि चान्दा के जमींदार पर कर की बकाया राशि पूरी तरह माफ हो गई है इसलिए देवगढ़ के जमींदार का निवेदन है कि उसके ऊपर जो बकाया राशि है उसे भी माफ किया जाए। उसका निवेदन है कि यदि बकाया राशि के भार से उसे मुक्त कर दिया जाता है तो वह भविष्य में शाही खजाने में नियमित रूप से कर जमा करता रहेगा।''

दूसरे पत्र में औरंगजेब शाहजहाँ को लिखता है कि ''मुझे वह शाही आदेश प्राप्त हुआ है जिसमें महामहिम ने कहा कि देवगढ़ के जमींदार पर कर की बकाया राशि को माफ करने के बारे में यह दलील कि बकाया जमा करने की उसकी हैसियत नहीं है, नाकाफी है। आपने यह भी लिखा है कि यह वही

जमींदार है जिसके विरुद्ध खानदौरान को भेजा गया था और जिससे खानदौरान ने नगदी के अलावा 170 हाथी हासिल किए थे और कहा जाता है कि अभी भी उसके पास 200 हाथी हैं जिसमें जटाशंकर नाम का हाथी भी है। आपके पत्र में आगे यह भी कहा गया है कि दक्खन के अधिकारी नाकाबिल हैं और यदि जरूरत हो तो बारिश खत्म होने के बाद शहजादा सुल्तान मुहम्मद को एक शक्तिशाली सेना, और मेरे खुद के सैनिकों के साथ इस आदेश से उस जमींदार के खिलाफ भेजा जाए कि अन्य हाथियों के साथ उस प्रसिद्ध हाथी को भी अधिकार में किया जाए और जमींदार से कर की बकाया राशि भी वसूल की जाए। इस बारे में मेरा निवेदन है कि मेरे पास इस इलाके से लगे हिस्सों की स्थिति के बारे में जानकारी है और यदि जरूरत पड़ी तो मैं इस जमींदार के खिलाफ सेना भेजने में नहीं हिचकूँगा। किन्तु यदि जमींदार के पास हमारी माँगों को सन्तुष्ट करने का वास्तव में कोई जरिया नहीं है तो कोई कारण नहीं है कि वह विद्रोही बन जाए और अपमान का सामना करे। वास्तव में उसके खिलाफ कोई सेना भेजे बिना वह खुद मुझसे मिलने के लिए बुरहानपुर आया था और उसने अपने ऊपर का सभी बकाया कर चुकाने का वादा किया। इसके बाद मैंने अपने एक अधिकारी को यह पता लगाने के लिए भेजा कि उसके पास कितने हाथी हैं। वह अधिकारी उसके राज्य में तीन माह रहा और उसने सभी सम्भावित जानकारियाँ एकत्र कीं और उसने मुझे बताया कि जमींदार के पास 14 हाथी से ज्यादा नहीं हैं। जब खानदौरान ने वर्तमान जमींदार के पिता पर आक्रमण किया था तो वह सम्पन्न था और खानदौरान ने जो हाथी अधिकृत किए थे, वे हाथी जमींदार के पास वर्षों से एकत्र हो रहे थे। मौजूदा जमींदार खर्चीला है और मुश्किल हालात में है। वह अपने प्रदेश का ठीक से प्रशासन करने के योग्य नहीं है और बहुत दयनीय स्थिति में रहता है। यदि बकाया वसूल करने के लिए उसके खिलाफ सेना भेजी गई तो कुछ लाभ नहीं होगा और वह इलाका बरबाद हो जाएगा। मेरा मत है कि, निश्चित किया गया कर उससे भविष्य में नियमित रूप से लिया जाए, इसलिए मैं महामहिम के ध्यान में ये तथ्य ला रहा हूँ। किन्तु मैं आपके आदेशों का पालन करूँगा। यदि आपकी इच्छा है कि उसके इलाके को अधिकृत कर लिया जाए तो मैं एक उपयुक्त सेना उसके खिलाफ भेजूँगा और अल्लाह की सहायता से, जमींदार को घुटने टेकने पर बाध्य कर दूँगा, उसकी जमींदारी पर कब्जा कर लूँगा और उसके प्रभाव से उस इलाके को मुक्त कर दूँगा। लेकिन यदि आप केवल बकाया कर वसूल करना चाहते हैं और उसके

हाथी चाहते हैं तो मैं जमींदार की सारी सम्पत्ति जब्त कर लूँगा और हाथियों का पता लगा लूँगा। लेकिन सच यह है कि उसके पास ज्यादा हाथी नहीं हैं और न जटाशंकर नाम का कोई हाथी है। यदि जमींदार के पास कई हाथी होते तो उमदातुलमुल्क, जिसने महामहिम के आदेश से सूबे की पूरी उपलब्ध सेना के साथ उसके खिलाफ आक्रमण किया था, बकाया कर के बदले जमींदार से हाथी हासिल करने में निश्चित रूप से नाकामयाब नहीं होता। न ही कर पर कोई छूट दी गई होती और न ही बकाया कर वसूल करने के लिए (मजबूर करने के लिए) बुरहानपुर में 6 माह रोका गया होता। यह उचित होगा कि महामहिम जटाशंकर हाथी या अन्य हाथियों के बारे में बतानेवाले आदमी को मेरे पास भेज दें, जो मेरी विजयी सेना को यह बताए कि ये हाथी कहाँ मिलेंगे?''

तीसरे पत्र में औरंगजेब ने बादशाह शाहजहाँ को लिखा कि ''मुझे आपका पत्र और एक विशेष खिलअत मिली, जिससे मेरा सम्मान बढ़ा है। महामहिम ने निर्देश दिया है कि यदि मैं देवगढ़ का इलाका जीत सकता हूँ और उस पर नियंत्रण कर सकता हूँ, तो मुझे अपने बेटे मुहम्मद सुल्तान को उस प्रदेश के खिलाफ भेज देना चाहिए या एक उपयुक्त सेना देकर हदीदाद खान को यह काम सौंप दूँ। महामहिम, उस इलाके को जीतना सरल होगा, पर उसे नियंत्रित करना उतना सरल नहीं होगा और उस प्रदेश से प्राप्त सभी बाकी लगान उस प्रदेश के प्रशासन में खर्च हो जाएगी। यही कारण है कि मुगल साम्राज्य के शाही अधिकारियों ने झगड़ा मोल लेने और उस प्रदेश को अधिकृत करने की चिन्ता नहीं की। मैंने भी पहले से ऐसा करना उचित नहीं समझा और यही कारण था कि अपने बेटे को यह काम सौंपने के पहले मैंने आपसे आदेश देने का निवेदन किया था। अब मैं जमींदार पर आक्रमण करने के लिए सेना भेजूँगा, जिससे बकाया और मौजूदा कर उससे वसूल किया जा सके और हाथियों पर कब्जा किया जा सके। जटाशंकर हाथी के बारे में सूचना, सम्भव होगी तो चान्दा के जमींदार से प्राप्त की जाएगी। तदनुसार, मैं विभिन्न स्थानों पर अपने आदमी नियुक्त कर रहा हूँ और मैंने उन्हें निर्देश दिया है कि वे अपनी नियत जगह पर रवाना होने के पहले मेरे सामने प्रस्तुत हों। मैं आपके आदेश के अनुसार उन्हें रवाना करूँगा। महामहिम, हदीदाद खान हर तरह से उपयोगी व्यक्ति है और विश्वसनीय भी, किन्तु उसे कभी ऐसे महत्त्वपूर्ण अभियान का जिम्मा नहीं सौंपा गया है। शायद, इस कारण कुछ अधिकारी उसके अन्तर्गत काम नहीं करना चाहते। तदनुसार, किसी प्रकार की अव्यवस्था

और मतभेद रोकने के लिए, जिससे कि सारा मामला गड़बड़ न हो जाए, मैंने यह व्यवस्था की है कि दो सेनाएँ देवगढ़ में जाकर मिलें। मैंने इस खान को इस प्रदेश की आधी सेना का प्रभारी बनाया है और बाकी आधी सेना का जिम्मा मिर्जा खान को दिया गया है, क्योंकि मुझे विश्वास है कि अन्य बड़े अमीर खुशी से उसके साथ हो जाएँगे। मेरी खुद की सेना मिर्जा खान के साथ जाएगी और इसे मेरे एक विश्वसनीय आदमी मुहम्मद ताहेर के जिम्मे रखा जाएगा।''

चौथे पत्र में औरंगजेब ने शाहजहाँ को लिखा ''मुझे अपने पत्र का जबाव आपसे प्राप्त हुआ, जिसमें आपने निर्देश दिया है कि देवगढ़ के जमींदार से पूरा कर वसूल किया जाए और जटाशंकर नाम के हाथी के अलावा अन्य सभी हाथी भी कब्जे में कर लिए जाएँ। मैंने आपके आदेश के अनुसार मिर्जा खान और हदीदाद खान को रवाना कर दिया है। ऐसी आशा है कि हमारी कोशिशों से जल्दी ही सफलता मिलेगी और जमींदार के सभी हाथियों को कब्जे में ले लिया जाएगा।''

पाँचवें पत्र में औरंगजेब ने शाहजहाँ को लिखा, ''मुहम्मद शरीफ के जरिए आपका पत्र मुझे मिला, जिसमें मुझे 8वीं रबी उल अव्वल तक हैदराबाद पहुँचने का आदेश दिया गया है, पर चूँकि जमींदार जाटबा ने हाथी और बकाया कर सौंपने के लिए अपनी रवानगी स्थगित कर दी है। किन्तु, मैंने अपने बेटे मुहम्मद सुल्तान को इस निर्देश के साथ रवाना कर दिया है कि वह गोलकुंडा की सीमाओं पर रुके और यदि कुतुब-उल-मुल्क मीर जुमला के बेटे और उसके परिवार को मुक्त करने से इनकार करे तो वह हैदराबाद पर धावा कर दे। जाटबा जमींदार मिर्जा खान के साथ इस माह की 23 तारीख को यहाँ पहुँच रहा है। इसलिए मैं 24 तारीख को अपना शिविर अग्रिम में भेजूँगा और खुद 3री रबी उस सानी को रवाना हो जाऊँगा, क्योंकि ज्योतिषी कहते हैं कि मेरी रवानगी के लिए सिर्फ यही शुभ तारीख है।''

छठवें पत्र में औरंगजेब ने शाहजहाँ को लिखा, ''मुहम्मद मुराद यसावल के माध्यम से भेजा गया सरकारी आदेश मुझे मिला। अन्य आदेश का वाहक मुहम्मद मीरक यहाँ बहुत जल्दी पहुँच गया और मैंने उसे रोका नहीं, बल्कि उसके आगमन के दो दिन के भीतर उसे भेज दिया। महामहिम, जमींदार जाटबा मिर्जा खान के साथ मेरे प्रति सम्मान प्रकट करने आया। वह अपने साथ बीस हाथी और हथिनियाँ लाया और उसने मुझे विश्वास दिलाया कि उसके पास

उससे अधिक हाथी नहीं हैं। चान्दा का जमींदार और उसका प्रतिनिधि देनायक (विनायक) दरबार आए और उन दोनों ने हदीदाद खान के सामने बताया कि जाटबा के पास जटाशंकर या अन्य हाथियों के बारे में उन्हें कुछ पता नहीं है। वे कहते हैं कि हाथियों के बारे में आपको गलत जानकारी दी गई है। मिर्जा खान का भी यही कहना है और मैं यह विवरण मूल रूप में आपके अवलोकन के लिए भेज रहा हूँ जिससे आप तथ्यों के बारे में खुद का इत्मीनान कर लें। जहाँ तक जमींदार के ऊपर बाकी कर और नियमित सालाना कर वसूल करने का सवाल है, स्थिति इस प्रकार है—जाटबा जमींदार ने एक साल के भीतर पाँच लाख रुपए नगद या सामान के रूप में सरकारी खजाने में जमा करने का वादा किया है और यह भी वादा किया है कि वह पिछले सूबेदारों के समय की बकाया राशि भी नियमित सालाना कर के साथ किश्तों में जमा कर देगा। वह खेरला के थानेदार करतलब खान को अपने कुछ परगने सौंप देगा, जिसका राजस्व थानेदार नगद रूप में वसूल करेगा। इस थानेदार ने इस व्यवस्था को मंजूर कर लिया है और इस बात से वह सहमत है कि यदि वह तय किए गए तरीके से कर वसूल करने में असफल रहता है तो उसे बरखास्त किया जा सकता है। जमींदार अपने साथ पर्याप्त सैनिक भी लाया है और उसने गोलकुंडा के अभियान में मेरे साथ चलने की इच्छा भी जाहिर की है। मैं उसे और उसके सैनिकों को अपने साथ रखूँगा और जरूरत हुई तो उसके द्वारा चुकाए जाने वाले पाँच लाख रुपयों में से उसे कुछ छूट दे दूँगा।''

यहाँ देवगढ़ के सम्बन्ध में औरंगजेब का पत्र-व्यवहार रुक जाता है और हमें इस बारे में आगे की जानकारी नहीं मिलती।

इन पत्रों में एक बात रोचक ढंग से सामने आती है कि मुगल बादशाह का सारा जोर इस बात पर था कि देवगढ़ के राजा के पास जो बड़ी तादाद में हाथी हैं उन्हें अधिकार में किया जाए। इस बात से यह अन्दाज लगाया जा सकता है कि मुगल राज-व्यवस्था और मुगल सैन्य-व्यवस्था में हाथियों की बहुत अहमियत थी और हाथी पाने और उनकी तादाद बढ़ाने की हरचन्द कोशिश की जाती थी। यह बात भी रोचक है कि उन दिनों सतपुड़ा के अंचल में बड़ी तादाद में हाथी पाए जाते थे।

1652 में शहजादा औरंगजेब को फिर से दक्खन का वायसराय नियुक्त किया गया और उसने मराठों और दक्खन के राज्यों के खिलाफ अपना अभियान फिर से जारी कर दिया। देवगढ़ इसका अपवाद नहीं रहा।

मुगल अभियान और केसरीशाह की पराजय

1655 में जब केसरीशाह पर कर का काफी बकाया हो गया और बार-बार कहने पर भी उसने नहीं चुकाया तो शाहजहाँ ने मुगल सेना को देवगढ़ के विरुद्ध भेजा। 12 अक्टूबर 1655 को अभियान दो भागों में हुआ। बरार के नायब सूबेदार हदीदाद खान के अन्तर्गत एलिचपुर के मार्ग से और दक्खन के कई अमीरों द्वारा नागपुर के मार्ग से। दोनों को देवगढ़ में एकत्र होना था। चान्दा के राजा मांजी मल्हार ने आक्रमणकारियों के साथ सहयोग किया। केसरीशाह मुगलों की दोनों सेनाओं के बीच कुचल दिया गया। फलस्वरूप वह मिर्जास खान के सामने हाजिर हुआ और उसने अपना सभी बकाया चुकाने का तथा भविष्य में ज्यादा नियमित होने का वादा किया। उसके पास केवल बीस हाथी पाए गए और उन्हें ले लिया गया। केसरीशाह विजयी मुगल सेना के लौटते समय साथ हो गया और उसने 8 जनवरी 1656 को औरंगजेब के सामने प्रस्तुत होकर सम्मान प्रकट किया। केसरीशाह ने पाँच लाख रुपए नगद और जिन्स में साल भर में बकाया कर देने का वादा किया। उसने पिछले सूबेदारों के समय का बकाया भी किश्तों में चुकाने का और निश्चित सालाना कर हर साल चुकाने का वादा किया। पिछला और मौजूदा कर चुकाने के लिए वह खेरला के थानेदार करतलब खान को कुछ परगने सौंपने के लिए तैयार हो गया, जिससे कि उनसे प्राप्त लगान से भविष्य में कर चुकाया जाता रहे। केसरीशाह एक अच्छी सेना लेकर गोलकुंडा के अभियान में औरंगजेब के साथ गया और उसने अच्छी प्रकार सेवा की और उसने इसके बदले में अपने ऊपर के बकाया कर में कुछ छूट देने की प्रार्थना की।[9]

मालोजी भोंसले

इसी समय नागपुर के पड़ोस में एक मराठा सरदार मालोजी भोंसले का उल्लेख मिलता है जो शिवाजी महान का चाचा था और बिठोजी भोंसले का बेटा था।[10] जब मुरादबख्श की दक्खन सूबेदारी के दौरान, शाहनवाज खान सफवी 1648 में देवगढ़ के विरुद्ध सेना लेकर गया था तो मालोजी भोंसले दक्खन के अमीरों की पहली पंक्ति में था और 1655 में जब शहजादा औरंगजेब ने मिर्जा खान मनुचहर और हदीदाद खान को देवगढ़ से कर वसूल करने का आदेश दिया था

तब उसने दक्खन के अमीरों के साथ अभियान में मालोजी को भी भेजा था। इसके बाद मालोजी ने शहजादा औरंगजेब के साथ गोलकुंडा के घेरे में भाग लिया और उसकी सेवाओं के बदले उसे सम्मान मिला।[11]

फिर मुगल आक्रमण

सितम्बर 1657 में दिल्ली में मुगल बादशाह शाहजहाँ बीमार पड़ गया। शीघ्र ही उसके मरने की अफवाह फैल गई। शाहजहाँ के चार बेटे थे—दारा, शुजा, औरंगजेब और मुराद। ज्येष्ठ होने के कारण ऐसा समझा जाता था कि दारा ही शाहजहाँ के बाद मुगल सिंहासन का उत्तराधिकारी होगा। पिता की गम्भीर बीमारी का समाचार सुनकर दारा के बाकी तीन भाइयों ने दारा के खिलाफ युद्ध की तैयारी शुरू कर दी। औरंगजेब जब दक्खन में वायसराय था। उसने उत्तर के अभियान की तैयारी की और फरवरी 1658 में औरंगजेब ने उत्तर की ओर कूच कर दिया।

कूच करने के पहले उसने देवगढ और चान्दा के गोंड राजाओं को दोस्ताना पत्र लिखे।[12] इस समय देवगढ़ ने औरंगजेब को क्या सहयोग दिया इसकी जानकारी नहीं है। उत्तराधिकार युद्ध समाप्त होने के बाद जब औरंगजेब बादशाह हुआ तो फिर से उसने देवगढ़ पर दृष्टिपात किया। चूँकि 1655 ईस्वी के देवगढ़ अभियान के बाद देवगढ़ के राजा पर कर की राशि और भी बकाया हो गई थी इसलिए 1658 में मुगल सेनाधिकारी मिर्जा खान ने देवगढ़ पर आक्रमण किया। इस अभियान में जलाल, कादिर मिर्जा खान के साथ गया और उसने राशि वसूल कर ली।[13]

केसरीशाह की एक सनद 1652 ईस्वी की मिली है।[14] केसरीशाह की मृत्यु कब हुई यह कहना कठिन है लेकिन 14 जून 1660 की केसरीशाह की एक सनद[15] के आधार पर यह कहा जा सकता है कि केसरीशाह ने 1660 तक शासन किया ही था। उसका उत्तराधिकारी गोरखशाह हुआ।

सन्दर्भ

1. जदुनाथ सरकार, *हिस्ट्री ऑफ औरंगजेब*, जिल्द पाँच, 1924, पृ. 404।
2. विल्स, पृ. 147।
3. *आदाब-ए-आलमगीरी*, पृ. 64 ब और 65 अ, विल्स, पृ. 147-154।

4. वही, पृ 57 ब, 58 अ और ब।
5. वी.वी. मिराशी, संशोधन मुक्तावलि, सर तिसरा, पृ. 209।
6. *विदर्भातील ऐतिहासिक लेख संग्रह,* खंड 1, लेखांक 9, पृ. 28-29।
7. *मासिर-उल-उमरा,* जिल्द 2, मुगल दरबार, 1952, पृ. 672।
8. विल्स, पृ. 147-154 में उद्धृत *आदाब-ए-आलमगीरी,* एशियाटिक सोसायटी ऑफ बंगाल पांडुलिपि।
9. जदुनाथ सरकार, *हिस्ट्री ऑफ औरंगजेब,* जिल्द एक और दो, 1924, पृ 185, जिल्द पाँच, पृ. 402।
10. *शिवभारत,* पृ. 22, अध्याय तीन, श्लोक 3।
11. *मासिर उल उमरा,* मुगल दरबार, जिल्द तीन, 1952, पृ. 520-522।
12. जदुनाथ सरकार, *हिस्ट्री ऑफ औरंगजेब,* जिल्द एक, पृ. 355।
13. *मासिर उल उमरा,* मुगल दरबार, जिल्द तीन, 1952, पृ. 262।
14. *विदर्भातील ऐतिहासिक लेख संग्रह,* खंड एक, लेखांक 9, पृ. 28-29।
15. वही, लेखांक 10, पृ. 29।

गोरखशाह उर्फ कोकशाह द्वितीय और दींदर खान

1660 में केसरीशाह का उत्तराधिकारी गोरखशाह हुआ और उसने कोकशाह द्वितीय की पदवी धारण की और इस काल के इतिहास में देवगढ़ के शासक का नाम कूकसिंग या कौकासिंग भी मिलता है।[1] स्मरणीय है कि गोरखशाह जाटबा के ज्येष्ठ पुत्र दलशाह का बेटा था।[2]

पड़ोसी राज्य

यदि यह देखें कि गोरखशाह के समय देवगढ़ राज्य के आसपास की राजनीतिक स्थिति क्या थी तो पता चलता है कि देवगढ़ राज्य के उत्तर-पूर्व में गढ़ा का गोंड राज्य था और इस समय उसका शासक था हिरदेशाह। उसने बुन्देलों के आक्रमण से बचने के लिए अपनी राजधानी चौरागढ़ से स्थानान्तरित करके रामनगर को अपनी राजधानी बना लिया था, जो घने जंगलों के पार नर्मदा नदी के दक्षिणी किनारे पर था। कोकशाह के समय हिरदेशाह का सम्बन्ध देवगढ़ राज्य से किस किस्म का था, इसके बारे में इतिहास में जानकारी नहीं मिलती। किन्तु दोनों गोंड राजवंश के थे और दोनों पड़ोसी थे, इसलिए उनके बीच रिश्ते जरूर रहे होंगे। यह भी ध्यान रखने की बात है कि गढ़ा के गोंड राज्य का इलाका मुगल साम्राज्य के मालवा सूबे के अन्तर्गत गढ़ा सरकार में आता था। देवगढ़ राज्य के दक्षिण में चान्दा का गोंड राज्य था किन्तु हम देख चुके हैं कि जब भी मुगल सेनाओं ने देवगढ़ पर धावा किया, चान्दा के शासक ने देवगढ़ के खिलाफ मुगलों का साथ देना ही ठीक समझा। उधर, देवगढ़ राज्य उस समय मुगल साम्राज्य के बरार सूबे में आता था और देवगढ़ राज्य के दक्षिण और दक्षिण-पश्चिम में बरार का मैदानी उपजाऊ इलाका था।

मुगल आक्रमण

उत्तराधिकार युद्ध के समय मुगल साम्राज्य का शिकंजा दूर के इलाकों में ढीला पड़ गया था और इस गड़बड़ी के समय देवगढ़ ने मुगल साम्राज्य को कर देना बन्द कर दिया और स्थिति यह हो गई कि 1666 में देवगढ़ के ऊपर कर का बकाया 15 लाख रुपया तक चढ़ गया।[3] इधर दक्खन में औरंगजेब के सेनानायक जयसिंह और शिवाजी के बीच 1665 तक पुरन्दर की सन्धि हो चुकी थी और मुगल सेनाओं को शिवाजी से हो रहे संघर्ष से कुछ चैन मिला। अब औरंगजेब ने दक्खन के सूबेदार जयसिंह को बकाया कर वसूल करने के लिए देवगढ़ पर आक्रमण करने का आदेश दिया। जयसिंह ने देवगढ़ और चान्दा के राजाओं से बकाया वसूल करने के लिए दिलेर खान को जिम्मेदारी सौंपी।[4] इस अभियान में इरिज खान भी दिलेर खान के साथ था[5] और मिर्जा राजा जयसिंह ने देवगढ़ के अभियान में दिलेर खान की सहायता के लिए छत्रसाल को भी भेजा।[6] उल्लेखनीय है कि चम्पतराय के दो बेटे छत्रसाल और अंगदराय इस समय मिर्जा राजा जयसिंह के अधीन मुगल साम्राज्य की सेवा में थे। दिलेर खान के अन्तर्गत एक शाही सेना जनवरी 1667 में चान्दा के गोंड राजा और देवगढ़ के राजा को प्रताडित करने के लिए गोंडवाना को रवाना हुई। चान्दा के राजा माजी मल्हार ने भी कुछ अवज्ञा की थी, किन्तु अपनी सीमाओं पर मुगल सेना के आने से फरवरी 1667 में उसने समर्पण की पेशकश की और उसने युद्ध में एक करोड़ रुपए का योगदान देने और सालाना दो लाख कर देने का वादा किया।[7] दिलेर खान वहाँ दो माह रहा और उस दौरान उसने तय किए गए योगदान में से 77 लाख रुपए वसूल कर लिए। दिलेर खान चान्दा से देवगढ़ को रवाना हुआ। चान्दा के राजा के साथ जो हुआ उससे देवगढ़ का राजा डर गया। वह मुगल शिविर में आया और उसने दिलेर खान से भेंट की और जुर्माने के रूप में तीन लाख रुपए देने और एक निश्चित समय के भीतर 18 लाख रुपए चुकाने का वादा किया। इसमें से 6 लाख रुपए दो माह में चुकाए जाने थे। उसने एक लाख रुपए का सालाना नियमित कर बिना विलम्ब के चुकाने का भी वादा किया। रुपए लेने के पहले दिलेर खान बादशाह के जरूरी आदेश से सितम्बर 1667 में वहाँ से चला गया और आदिलशाह के विरुद्ध होने वाले आक्रमण में शहजादा मुअज्जम का साथ देने के लिए औरंगाबाद रवाना हो गया।[8]

इस बीच एक महत्त्व की घटना घटी। बीजापुर के अभियान में मिर्जा राजा जयसिंह की असफलता से बादशाह औरंगजेब उससे नाराज हो गया और उसने

उसे तुरन्त दक्खन की सूबेदारी छोड़कर दिल्ली आने का आदेश दिया और जयसिंह के स्थान पर मई 1667 में शहजादा मुअज्जम को दक्खन का नया वायसराय नियुक्त कर दिया। यह दुखद बात थी कि उत्तर जाते समय जयसिंह का निधन बुरहानपुर में हो गया।

दक्खन का नया वायसराय शहजादा मुअज्जम औरंगाबाद में मौज-मस्ती में लिप्त हो गया। उसका प्रिय सेनानायक जसवन्त सिंह पूना में नियुक्त था।[9] दिलेर खान गोंड प्रदेश से लौटकर अक्टूबर 1667 में मुअज्जम से आ मिला किन्तु मुअज्जम दिलेर खान के प्रभाव से और बादशाह के दरबार में उसकी प्रतिष्ठा से ईर्ष्या करता था। उसने समझा कि दिलेर खान उसके पिता बादशाह औरंगजेब की ओर से उसके खिलाफ भेजा गया जासूस है।[10] लेकिन दिलेर खान के प्रति मुअज्जम का अविश्वास और नापसन्दगी का कोई अर्थ नहीं था क्योंकि बादशाह औरंगजेब के आदेश के अनुसार दिलेर खान और जसवन्त सिंह को शहजादा मुअज्जम की कमान के अन्तर्गत काम करना ही था।

फिर मुगल आक्रमण

देवगढ़ के राजा ने अपना वादा नहीं निभाया और अगस्त 1669 में दिलेर खान को फिर से देवगढ़ पर आक्रमण करना पड़ा। इस अभियान में छत्रसाल बुन्देला दिलेर खान के साथ था। दिलेर खान ने देवगढ़ के किले पर अधिकार करने के लिए छत्रसाल को तोपों का प्रभारी बनाया। किले के गोंड सैनिक भी बहादुरी में मुगल सैनिकों से कम नहीं थे। दोनों पक्षों में जमकर लड़ाई हुई। छत्रसाल ने पूरी क्षमता से युद्ध किया और उसके प्रयास से किला जीत लिया गया। युद्ध में युवक छत्रसाल बुरी तरह घायल हुआ। बादशाह को जब इस विजय की खबर मिली तो उसने तुरन्त दिलेर खान को प्रशंसा का पत्र लिखा और उसे खिलअत दी और मन्सब बढ़ा दिया। दिल्ली में और देवगढ़ के किले में दिलेर खान के नाम पर नगाड़े बजाए गए। हालाँकि इस जीत का श्रेय छत्रसाल को ही था। किन्तु बादशाह की ओर से छत्रसाल की प्रशंसा में एक शब्द भी नहीं कहा गया क्योंकि दिलेर खान ने छत्रसाल की बहादुरी के बारे में बादशाह को जानकारी ही नहीं दी थी।[11] इससे छत्रसाल को खराब लगा और एक दिन वह मुगल शिविर छोड़कर अपनी पत्नी के साथ महाराष्ट्र चला गया और शिवाजी से जा मिला।

इस आक्रमण के बाद मुगलों ने देवगढ़ राज्य को बरबाद कर दिया। पराजित होने के बाद देवगढ़ का राजा भाग गया पर बाद में उसे बन्दी बना लिया गया। अब मुगल सेना देवगढ़ राज्य के प्रमुख स्थानों, नागपुर, केलझर और देवगढ़ में रखी गई और दक्खन से मुगल अधिकारी भी प्रशासन के लिए देवगढ़ भेजे गए। औरंगजेब ने यह समझदारी जरूर की कि उसने यह आदेश दिया कि, "पहले युद्ध के घाव भर जाने दिए जाएँ, खेती फिर से शुरू हो जाए और किसान स्थिर हो जाएँ और फिर गोंडों के समय का लगान लागू किया जाए।"[12]

देवगढ़ के किले पर अधिकार करने के बाद दिलेर खान ने अमानत के रूप में देवगढ़ के शासक गोरखशाह के दो छोटे बेटों को रख लिया, उन्हें मुस्लिम बना लिया। गोरखशाह के पाँच बेटे थे—महीपतशाह, गुमानशाह, छत्रशाह, इस्लामयार खान और दींदर खान। महीपतशाह, गुमानशाह और छत्रशाह मुसलमान नहीं बने और गोंड बने रहे।[13] गोरखशाह को अपदस्थ कर दिया गया और उसका बेटा धर्म परिवर्तन के बाद इस्लामयार खान के नाम से देवगढ़ की गद्‌दी पर बिठाया गया तथा देवगढ़ को भी अब इस्लामगढ़ कहा जाने लगा।[14]

इस बीच दक्खन में मुगलों के विरुद्ध शिवाजी की गतिविधियाँ उग्र हो गईं थी। इस पर 26 जनवरी 1670 को दिलेर खान को बादशाह का जरूरी आदेश मिला कि वह देवगढ़ के मामलों को सन्तोषजनक तरीके से निपटाए और मुअज्जम की ताकत बढ़ाने के लिए औरंगाबाद जाए क्योंकि शिवाजी ने फिर से दक्खन में सर उठा लिया है।[15] हालाँकि दिलेर खान के सम्बन्ध मुअज्जम से ठीक नहीं थे पर उसे देवगढ़ छोड़कर दक्खन जाना पड़ा। 29 मार्च 1670 को वह नागपुर से औरंगाबाद रवाना हो गया।[16]

देवगढ़ के शासकों के धर्म परिवर्तन की घटना देवगढ़ राज्य के इतिहास की एक महत्त्वपूर्ण घटना थी। गढ़ा, चान्दा और देवगढ़ तीनों गोंड राज्य थे पर अभी तक किसी राज्य के शासक के साथ ऐसा नहीं हुआ था। देवगढ़ के शासक को राजनीतिक कारण से इस्लाम स्वीकार करना पड़ा और ऐसा ही इस्लामयार खान के बड़े भाई महीपतशाह ने इस्लामयार खान की मृत्यु के बाद किया। हम आगे पढ़ेंगे कि सिंहासन पाने के लिए महीपतशाह ने भी इस्लाम स्वीकार कर लिया। अब इस्लाम देवगढ़ राजवंश का एक जरूरी हिस्सा बन गया और यह स्थिति देवगढ़ राज्य के पतन के एक सदी बाद तक बनी रही।

इस्लामयार खान एक मुस्लिम के रूप में देवगढ़ का शासक बना, किन्तु धर्म बदलने से भी उस गोंड राजा का रुख मुगल सत्ता के प्रति नहीं बदला।

वह विद्रोही रुख अपनाता रहा और साल के अन्त में खान-ए-आजम को देवगढ़ के शासक इस्लामयार खान को चेतावनी देने के लिए देवगढ़ आना पड़ा।[17]

इन्हीं दिनों राजनीतिक स्थिति में एक बदलाव और हुआ। शिवाजी के अन्तर्गत मराठों के उत्थान का प्रभाव देवगढ़ राज्य के आसपास के इलाके पर पड़े बिना न रहा। वे मुगल प्रदेशों में चौथ वसूल करने के लिए धावे मारने लगे। करन्जा और नन्दुरबार के पड़ोस में भी मराठों ने चौथ वसूल करना शुरू किया और तब बरार का सूबेदार खान-ए-जमान इनका दमन करने के लिए रवाना हुआ और देवगढ़ पहुँचकर रुक गया।[18]

इस्लामयार खान ने करीब दस साल तक राज्य किया किन्तु वह बरार के मुगल अधिकारी के हाथ की कठपुतली बना रहा। देवगढ़ राज्य की इस कमजोर स्थिति का फायदा उठाकर चान्दा और गढ़ा के राजाओं ने देवगढ़ के इलाकों का अतिक्रमण किया। चान्दा ने नागपुर को और उमरेड़ तक के बारह महालों को तथा गढ़ा के राजा ने भी देवगढ़ के कुछ महालों तथा रामटेक को अधिकृत कर लिया। 1680 में जगन्नाथ जोशी को जारी की गई इस्लामयार खान के उत्तराधिकारी दींदर खान की सनद[19] से अनुमान लगाया जा सकता है कि इस्लामयार खान की मृत्यु 1679-80 में हुई होगी।

दींदर खान

इस्लामयार खान की मृत्यु के बाद उसका वह भाई 1680 ई. में गद्दी पर बैठा, जो दींदर खान के नाम से इस्लाम स्वीकार कर चुका था। उसके ज्येष्ठ भाई महीपतशाह को शायद इसलिए दरकिनार कर दिया गया, क्योंकि उसने इस्लाम स्वीकार नहीं किया था। कहने की जरूरत नहीं कि गद्दी पाने के लिए दींदर खान को बरार के मुगल अधिकारियों का सहयोग मिला होगा।

जिस साल दींदर खान देवगढ़ राज्य के सिंहासन पर बैठा, उस साल एक महत्त्वपूर्ण घटना यह हुई कि शिवाजी का निधन हो गया और मराठों का बढ़ता ज्वार कुछ रुक गया। एक साल बाद ही यानी 1681 में बादशाह औरंगजेब दक्खिन के मामलों को निपटाने के लिए सेना के साथ खुद दक्खिन आ गया। बादशाह औरंगजेब के दक्खिन आगमन का असर पूरे दक्खिन की राजनीति पर पड़ा और एकबारगी दक्खिन युद्धों का रणक्षेत्र बन गया। देवगढ़ राज्य के

शासक पिछले दशकों में जिस प्रकार मुगलों से आँख-मिचौनी कर रहे थे, वह अब सम्भव नहीं था क्योंकि उनका दमन करने के लिए मुगल सेनाएँ उनके पड़ोस में ही थीं।

स्वामी प्राणनाथ देवगढ़ में

दींदर खान के समय की किसी घटना का उल्लेख इतिहास में नहीं मिलता। यह जरूर उल्लेख मिलता है कि उसके समय प्रणामी सम्प्रदाय के दूसरे प्रसिद्ध गुरु महाप्रभु प्राणनाथ देशाटन करते हुए 1681 के प्रारम्भ में देवगढ़ से होकर गढ़ा राज्य की राजधानी रामनगर गए थे। उनके साथ उनके पाँच हजार अनुयायी भी थे। वे मुगल बादशाह औरंगजेब के अत्याचारों से हिन्दू धर्म की रक्षा करने के इच्छुक थे और इसके लिए वे हिन्दू राजाओं का सहयोग चाहते थे।[20] देवगढ़ में उस समय दींदर खान शासक होने के कारण उन्हें उससे अपने काम के लिए सहयोग मिलने का प्रश्न ही नहीं था और वे देवगढ़ से रामनगर चले गए। उल्लेखनीय है कि रामनगर के शासक से भी निराशा हाथ लगने पर स्वामी प्राणनाथ छत्रसाल से मिलने पन्ना चले गए और फिर वहीं स्थापित हो गए। पन्ना में उनके द्वारा स्थापित प्रणामी धाम आज भी है।

सन्दर्भ

1. जदुनाथ सरकार, *हिस्ट्री ऑफ औरंगजेब,* जिल्द पाँच 1924, पृ. 404।
2. *विदर्भातील ऐतिहासिक लोक संग्रह,* जिल्द एक, पृष्ठ 7।
3. *मासिर उल उमरा,* मुगल दरबार, जिल्द तीन, 1952, पृष्ठ 487।
4. भीमसेन सक्सेना, *तारीख-ए-दिलकुशा,* पागड़ी का मराठी अनुवाद, *मोगल आणि मराठे,* 1963, पृ. 21।
5. *मआसिर उल उमरा,* हिन्दी अनुवाद मुगल दरबार, भाग दो, 1952 पृ. 556।
6. *कैम्ब्रिज हिस्ट्री ऑफ इंडिया,* जिल्द चार, पृ. 313-314।
7. जदुनाथ सरकार, *हिस्ट्री ऑफ औरंगजेब,* जिल्द पाँच, 1924, पृ. 404।
8. भीमसेन सक्सेना, *तारीख-ए-दिलकुशा,* पागडी का मराठी अनुवाद, *मोगल आणि मराठे,* 1963, पृ. 23।
   ईश्वरदास नागर, *फतूहात-ए-आमगीरी,* पागडी का मराठी अनुवाद, *मोगल मराठे संघर्ष,* 1964, पृष्ठ 15।
9. जदुनाथ सरकार, *शिवाजी एंड हिज़ टाइम्स,* 1961, पृ. 100।

10. वही, पृ. 160।
11. वही, *शिवाजी एंड हिज़ टाइम्स*, 1961, पृ. 180।
12. वही, *हिस्टी ऑफ औरंगजेब*, जिल्द पाँच, 1924, पृ. 405।
13. गुमानशाह और छत्रशाह के वंशज आज भी छिन्दवाड़ा से 24 किलोमीटर दूर हरयागढ़ में रहते हैं और सामान्य किसानों का जीवन बिता रहे हैं।
14. *मासिर ए आलमगीरी*, पृ. 273 पागडी का मराठी अनुवाद, *मराठे वा औरंगजेब*, 1963, पृ. 32।
15. जदुनाथ सरकार, *हिस्ट्री ऑफ औरंगजेब*, जिल्द पाँच, 1924, पृ. 405।
16. वही, *शिवाजी एंड हिज़ टाइम्स*, 1961, पृ. 164 और 168।
17. वही, *हिस्ट्री ऑफ औरंगजेब*, जिल्द पाँच, 1924, पृ. 405।
18. वही, *शिवाजी एंड हिज़ टाइम्स*, 1961, पृ. 178-79।
19. देशपांडे और लांडगे (संपादक), *विदर्भातील ऐतिहासिक लेख संग्रह*, खंड एक, लेखांक 11, पृ. 30।
20. मिश्रीलाल शास्त्री, *महाप्रभु श्री प्राणनाथ*, 1970, पृ. 79-80।

बख़्तबुलन्द

बख़्तबुलन्द शासक बना

अपने छोटे भाई दींदर खान से देवगढ़ का सिंहासन छीनने के लिए महीपतशाह 1686 में मुगल बादशाह की सहायता पाने गया। बादशाह औरंगजेब ने उसे इस शर्त पर सहायता देने का वचन दिया कि वह इस्लाम स्वीकार कर ले। महीपतशाह ने गद्दी पाने के लालच में इस्लाम धर्म अपनाना स्वीकार कर लिया। कहा जाता है कि उसने 'भात' में इस्लाम अपनाना तो स्वीकार किया किन्तु 'साथ' में अपनाना स्वीकार नहीं किया। इसका मतलब यह था कि वह मुस्लिमों के साथ खानपान तो करेगा किन्तु उनके साथ विवाह सम्बन्ध नहीं रखेगा और मुस्लिम होने के बावजूद वह और उसके उत्तराधिकारी गोंड वधुएँ ला सकेंगे। बादशाह इससे सहमत हो गया और महीपतशाह ने इस्लाम स्वीकार कर लिया और महीपतशाह को बख़्तबुलन्द नाम दिया गया। "1686 ईस्वी में बख़्तबुलन्द को बादशाह द्वारा देवगढ़ उर्फ इस्लामगढ़ की जमींदारी प्रदान की गई और उसे एक खिलअत, आइना और एक घोड़ा दिया गया।"[1]

बख़्तबुलन्द का शासनकाल उतार-चढ़ावों से भरपूर रहा। उसने कई बार कोशिश की वह मुगल आधिपत्य से मुक्त हो जाए पर उन दिनों दक्खन में लगातार मुगल सेनाओं की उपस्थिति के कारण बख़्तबुलन्द को हर बार असफलता मिली। पड़ोसी गढ़ा राज्य के शासक नरेन्द्रशाह से उसके सम्बन्ध मधुर थे और जैसा कि हम आगे देखेंगे उसने संकट के समय नरेन्द्रशाह की सहायता भी की थी। देवगढ़ राज्य के दक्षिण में चान्दा का गोंड राज्य अभी भी मौजूद था जहाँ किशनसिंह शासक था। चान्दा पहले के समान देवगढ़ के खिलाफ मुगलों का सहायक रहा।

गद्दी पर बैठने के बाद चार साल तक बख़्तबुलन्द दिल्ली दरबार को कर चुकाता रहा किन्तु उसकी महत्त्वाकांक्षा ने उसे अपने प्रभाव क्षेत्र का विस्तार

करने के लिए प्रेरित किया और वह स्वतंत्र रुख अपनाकर मुगल इलाकों पर आक्रमण करने लगा। बरार का इलाका उसके राज्य की सीमा से लगा हुआ था और उपजाऊ भी था। बादशाह औरंगजेब की दक्खन में व्यस्तता का लाभ उठाकर वह मुगल इलाकों को, खासकर बरार के उर्वर इलाके में अपना विस्तार करना चाहता था।

फिर दींदर खान

बख्तबुलन्द की इन गतिविधियों के कारण जून 1691 में मुगल बादशाह ने उसे अपदस्थ कर दिया[2] और देवगढ़ का सिंहासन फिर से बख्तबुलन्द के भाई दींदर खान को दे दिया, जो उस समय शाही शिविर में था। स्मरणीय है कि दींदर को ही अपदस्थ करके बख्तबुलन्द ने देवगढ़ का राज्य पाया था। बख्तबुलन्द के लिए यह अप्रत्याशित था क्योंकि उससे यह आशंका नहीं थी कि विरोधी गतिविधियाँ अपनाने के फलस्वरूप उसे गद्‌दी से हाथ धोना पड़ेगा। पर दक्खन में मुगल सेनाओं की उपस्थिति से बख्तबुलन्द के खिलाफ तेजी से कार्यवाही की गई। उल्लेख मिलता है कि "1691 ईस्वी में देवगढ़ उर्फ इस्लामगढ़ के जमींदार दींदर को एक हजार का मनसब दिया गया। उसे खिलअत, एक घोड़ा और एक हाथी और राजा की पदवी देकर विदा किया गया।"[3]

बख्तबुलन्द मुगल सेना में

अपदस्थ बख्तबुलन्द को कुछ साल के लिए शाही अधिकारियों के पास रखकर नजरबन्द रखा गया। पहले उसे शाही बख्शी के पास रखा गया और बाद में शाही शिविर के कोतवाल के रूप में दो रुपए के दैनिक भत्ते के रूप में रखा गया। उसके आसपास सुरक्षा गारद बनी रहती थी। 26 अगस्त, 1695 में उसने बादशाह से भेंट की और उसे आजाद कर दिया गया, पर बादशाह औरंगजेब ने कहा, "वह भाग जाएगा, उस पर नजर रखो।" बख्तबुलन्द के शिविर के आसपास से सुरक्षा गारद हटा ली गई और हम पाते हैं कि वह अप्रैल 1696 तक शाही सेना की सेवा में दक्खन में रहा।[4]

इस समय देवगढ़ में फिर से गड़बड़ी शुरू हो गई। दींदर खान के उद्धत व्यवहार के कारण देवगढ़ राज्य में अराजकता छा गई। उसने बादशाह के विरुद्ध

विद्रोह का आह्वान किया, जिसके कारण उससे बादशाह नाराज हो गया। बादशाह ने उसे पदच्युत करने की आज्ञा दी। देवगढ़ राज्य का नियंत्रण लेने के लिए भेजे गए मुगल अधिकारी को उसने अधिकार नहीं सौंपें। तब पवनार के फौजदार सद्रउद्दीन के अन्तर्गत एक सेना चान्दा के राजा किशनसिंह की सहायता से मार्च 1696 में देवगढ़ पर अधिकार कर लिया और दींदर खान को भागना पड़ा।[5]

नेकनाम खान

दींदर खान पर चान्दा के राजा किशनसिंह की विजय के बाद किशनसिंह के दूसरे बेटे कानसिंह ने देवगढ़ की खाली गद्दी को पाने के लिए सद्रउद्दीन के जरिए बादशाह से निवेदन किया और अर्ज किया कि देवगढ़ की जमींदारी मिलने पर वह देवगढ़ की जमींदारी के बदले 13 लाख रुपए पेशकश देगा और 5 लाख रुपए शुकराना देगा। इसके अलावा वह दींदर खान की बकाया राशि भी चुकाएगा। सद्रउद्दीन ने बादशाह को यह भी खबर भेजी कि राजा किशनसिंह का दूसरा बेटा कानसिंह अपनी माँ के साथ मुस्लिम होने के लिए तैयार है। इस खबर से औरंगजेब को बहुत खुशी हुई। उसने अपने बख्शी को बुलाकर कहा, ''सद्रउद्दीन खान को लिखो कि कानसिंह और उसकी माँ को चान्दा से अपने पास बुलवाओ और उन्हें मुसलमान बना लो। इसके बाद इस्लामगढ़ उर्फ देवगढ़ की जमींदारी, राजा की पदवी और फरमान भेजे जा रहे हैं।'' कानसिंह ने अपनी माँ के साथ इस्लाम स्वीकार कर लिया और औरंगजेब ने उसका नाम नेकनाम खान रखा। अब नेकनाम को देवगढ़ का राजा बना दिया गया।[6] देवगढ़ पर नेकनाम खान का अधिकार स्थापित हो जाने के बाद बख्तबुलन्द को यह आशा नहीं रही कि उसे कभी देवगढ़ का राज्य वापिस मिलेगा। लेकिन उसने अवसर मिलने पर अपने भाग्य की परीक्षा करने का फैसला किया।

बख्तबुलन्द की कोशिशें

देवगढ़ की गद्दी से हटे बख्तबुलन्द को पाँच साल होने को आ रहे थे और देवगढ़ पर अधिकार करने के लिए बख्तबुलन्द की बेचैनी का सहज ही अन्दाजा लगाया जा सकता है। वह शाही सेना में सेवा पर था किन्तु उसका मन देवगढ़

में लगा हुआ था और वह ऐसे अवसर की प्रतीक्षा में था कि शाही सेना को छोड़कर देवगढ़ पर अधिकार करने की कोशिश कर सके। 1696 में ही एक ऐसा संयोग बना जो बख़्तबुलन्द के अनुकूल सिद्ध हुआ। 1696 में ही चान्दा के राजा किशनसिंह की मृत्यु हो गई और उसके स्थान पर किशनसिंह का ज्येष्ठ पुत्र वीरसिंह चान्दा की गद्दी पर बैठा। किशनसिंह के निधन से देवगढ़ स्थित उसके बेटे नेकनाम खान की स्थिति भी कमजोर हो गई। चान्दा और देवगढ़ दोनों के शासक अनुभवहीन होने से बख़्तबुलन्द के लिए अच्छा अवसर आ गया और उसने अब अपना भाग्य आजमाने का निश्चय किया। उसे यह अन्दाज था कि देवगढ़ राज्य की जनता अपने प्रतिद्वन्द्वी राज्य चान्दा के राजवंश के शासक को गद्दी दिए जाने से खुश नहीं है और उसे विश्वास तथा उम्मीद थी कि यदि उसने देवगढ़ लेने की कोशिश की तो उसे समर्थन मिलेगा। और बख़्तबुलन्द ने देवगढ़ की गद्दी हासिल करने के लिए शाही सेना को छोड़कर विद्रोह का झंडा खड़ा कर दिया।[7]

ऐसा लगता है कि अक्टूबर 1698 के पहले ही बख़्तबुलन्द ने देवगढ़ से नेकनाम को खदेड़ दिया था क्योंकि हम पाते हैं कि अक्टूबर 1698 में वह बरार के इलाके से वसूली करने लगा और होशंगाबाद के जमींदार पर लगान देने का दबाव डालने लगा।[8] बादशाह की ओर से मुगल अधिकारी फीरोज जंग को आदेश दिया गया था कि वह बरार से बख़्तबुलन्द को हटाए और उसे दंड दे। इसके तुरन्त बाद फीरोज जंग को दरबार से बुलावा आ गया। इस कारण शहजादा आजम को आदेश दिया गया कि वह बख़्तबुलन्द को दबाए।[9] बादशाह ने चान्दा के राजा बीरसिंह को भी लिखा कि वह अपने सैनिकों के साथ देवगढ़ जाए और अपने छोटे भाई नेकनाम को वहाँ के सिंहासन पर बिठाए।[10]

जून 1699 में फीरोज जंग की सेना के एक अधिकारी हामिद खान ने देवगढ़ पर आक्रमण करके उसे अधिकृत कर लिया और बख़्तबुलन्द वहाँ से भाग खड़ा हुआ।[11] उसने भागकर मालवा में प्रवेश किया और वहाँ बुन्देलखंड से धमोनी चला गया। रास्ते में उसने बहुत मारकाट की।[12]

नरेन्द्रशाह से प्राप्त प्रदेश

उन दिनों गढ़ा राज्य का राजा नरेन्द्रशाह, जिसकी राजधानी मंडला में थी, बड़ी मुश्किल में था क्योंकि उसके विरुद्ध अनेक विद्रोही उठ खड़े हुए थे। गढ़ा

राजवंश के विद्रोही सदस्य पहाड़सिंह के दो बेटों—जो मुसलमान हो गए थे—अब्दुल रहमान और अब्दुल हाजी ने विद्रोह कर दिया। उधर बारहा (नरसिंहपुर जिला) के जागीरदार अजीमखाँ तथा चौरई (सिवनी जिला) के जागीरदार लोंडीखान ने भी विद्रोह कर दिया था। दुर्भाग्य से नरेन्द्रशाह का योग्य सेनापति अहमदखां और कुशल मंत्री गंगाधर वाजपेयी मारे जा चुके थे। ऐसे संकट के समय नरेन्द्रशाह ने बख्तबुलन्द और छत्रसाल से सहायता की याचना की।[13]

बख्तबुलन्द तब धामोनी में था। वह तुरन्त अपनी सेना के साथ धामोनी से गढ़ा की ओर चल पड़ा।[14] बख्तबुलन्द और छत्रसाल की सहायता से नरेन्द्रशाह ने विद्रोहियों का दमन कर दिया। बख्तबुलन्द ने अब्दुल हाजी को परास्त किया और उसके 550 अफगान सैनिकों को मारकर उसके बेटे को बन्दी बना लिया। लोंडी खान सिवनी में और अब्दुल हाजी, अब्दुल रहमान तथा अजीमखाँ गंगई खुलरी (जबलपुर जिला) में मारे गए। विद्रोह का अन्त 1699 में हो गया।[15] इस सहायता के बदले नरेन्द्रशाह ने बख्तबुलन्द को चौरई, डोंगरताल और घुन्सौर नामक तीन महाल दिए और छत्रसाल को भी पाँच महाल दिए। नरेन्द्रशाह ने अपनी बहन मानकुँवर का विवाह भी बख्तबुलन्द से कर दिया। चौरई, डोंगरताल और घुन्सौर के तीन महाल मिल जाने से वर्तमान सिवनी जिले का पूरा इलाका बख्तबुलन्द को मिल गया। इन प्रदेशों को पाने से बख्तबुलन्द को एक आधार मिल गया। यह माना जा सकता है कि करीब 9 साल के भटकाव के बाद बख्तबुलन्द को फिर से राजसत्ता मिली, यह जरूरी है कि अभी देवगढ़ उसके अधीन नहीं था। यह उल्लेखनीय है कि जो इलाके उसे नरेन्द्रशाह से प्राप्त हुए, उसका अधिकांश हिस्सा उपजाऊ था और इससे बख्तबुलन्द को अपनी राजनीतिक और आर्थिक स्थिति मजबूत करने में सहायता मिली।

छत्रपति राजाराम का सहयोग

अपने स्वतंत्र अस्तित्व के लिए बख्तबुलन्द ने मुगलों से संघर्ष जारी रखा और मुगलों ने भी बख्तबुलन्द का पीछा जारी रखा। जुलाई 1699 में खानदेश के सूबेदार ने बख्तबुलन्द के सहयोगी सदात अफगान के परिवार को बन्दी बना लिया और उसे समर्पण करने के लिए बाध्य किया। नवम्बर 1699 में 3700 गोंड विद्रोही

मुगल सेवा में आ गए। बख्तबुलन्द इस नुकसान की भरपाई करने की कोशिश में लग गया और जुलाई 1699 में उसने तीस हजार रुपए छत्रसाल को इस निवेदन के साथ भेजा कि वह उसके लिए बुन्देला बन्दूकची भेज दे।[16] इसके अलावा बख्तबुलन्द ने मराठों का सहयोग पाने के लिए छत्रपति राजाराम को दो दूत भेजे और उत्तरी इलाकों पर मिलकर अक्रमण करने का सुझाव दिया जिससे औरंगजेब का ध्यान बाँटा जा सके। जब राजाराम अपनी राजधानी सतारा में जून 1699 में लौटा तो बख्तबुलन्द के दूत उससे मिले। राजाराम ने जुलाई 1699 में बसन्तगढ़ का भ्रमण किया और खानदेश और बरार पर आक्रमण करने की योजना 20 जुलाई 1699 को बना ली।[17]

राजाराम ने एक विशाल सेना लेकर बरार पर धावा किया और बख्तबुलन्द की सेना के सहयोग से उस प्रदेश के शहरों और गाँवों को बरबाद कर दिया। बादशाह को जब बख्तबुलन्द की गतिविधियों की सूचना मिली तो बादशाह ने उसका नाम बख्तबुलन्द से बदलकर निगूनबख्त कर दिया। शहजादा आजम के बेटे शहजादा बेदरबख्त को राजाराम और निगूनबख्त के खिलाफ अभियान करने का काम सौंपा गया। बादशाह ने शहजादा को कठोर निर्देश दिया कि, ''वह दुश्मन का तुरन्त पीछा करे और उसे ऐसा कुचले कि उसके फिर से उभरने की कोई भी गुंजाइश न रहे।''[18] 13 नवम्बर 1699 को बेदरबख्त का मुकाबला राजाराम से हुआ, जिसमें राजाराम की पराजय हुई और उसे पीछे लौटना पड़ा। राजाराम के विरुद्ध अभियान से शहजादा बेदरबख्त 26 दिसम्बर 1699 को लौटा और बादशाह से मिला।[19]

राज खान पठान

बख्तबुलन्द के समय की एक रोचक घटना का उल्लेख मिलता है। एक दिन शिकार के समय सिवनी के पास एक घायल रीछ ने उस पर आक्रमण किया। एक अज्ञात पठान राज खान ने रीछ को मारकर बख्तबुलन्द को बचाया जिससे खुश होकर बख्तबुलन्द ने उसे डोंगरताल तालुका का अधिकारी बना दिया। स्टर्नडेल ने अपनी किताब में इस घटना को बहुत रोचक ढंग तथा विस्तार से लिखा है।[20] उन दिनों भंडारा जिले के परताबगढ़ में बख्तबुलन्द का ससुर रहता था। डोंगरताल में रहते हुए राज खान ने बख्तबुलन्द के ससुर की सहायता से परताबगढ़ और सानगढ़ी पर बख्तबुलन्द के नाम पर अधिकार कर लिया।[21]

बख्तबुलन्द ने अम्बागढ़ का महत्त्व पहचानकर अम्बागढ़ में किला बनाने के लिए राज खान से कहा और राज खान ने 1700 ईस्वी में अम्बागढ़ में एक विशाल किला बनवाया। राज खान के पराक्रम से प्रभावित होकर बख्तबुलन्द ने राज खान को सिवनी का दीवान बना दिया। राज खान का बेटा मुहम्मद खान पठान को उसे सानगढ़ी के किले का किलेदार बना दिया।[22] बाद में राज खान पठान के एक वंशज मुहम्मद अमीर खान ने 1774 में सिवनी शहर बसाया और अपना मुख्यालय छपारा से हटाकर सिवनी ले आया और यहाँ उसने एक किला बनवाया।

इसके कुछ समय के बाद देवगढ़ के राजा ने अपने एक रिश्तेदार राजा रामसिंह को छपारा का इलाका दे दिया जहाँ रामसिंह ने एक किला बनवाया। इसके पहले रामसिंह चाँदी में 1703 ई. तक था। छपारा में रामसिंह ने एक किला बनवाया। यह किला चौकोर है और इसके कोनों में बुर्जियाँ हैं और पूर्व में एक विशाल दरवाजा है जहाँ से बैनगंगा नदी दिखती है।[23]

नेकनाम दिल्ली दरबार में

नवम्बर 1700 में देवगढ़ का शासक नेकनाम मुगल दरबार गया। जिस समय नेकनाम मुगल दरबार में था, उस समय औरंगजेब के आदेश से स्वर्गीय छत्रपति राजाराम की बन्दी बेटी से जनवरी 1704 में उसकी शादी कर दी गई। यह उल्लेखनीय है कि राजाराम द्वारा 1698 के प्रारम्भ में जिन्जी का किला छोड़ने के बाद उसकी चार पत्नियाँ, तीन बेटे और दो बेटियाँ जुल्फिकार खान के हाथ में पड़ गईं थीं। जिन्हें उसने बन्दी बनाकर बादशाह को भेज दिया और बादशाह ने उन्हें शाहू के शिविर के पास रखा था।[24] यह भी सम्भव हो सकता है कि राजाराम की कुछ विवाहित पत्नियाँ होंगी और कुछ रखैलें। रखैलें उसकी नाट्यशाला की थीं। जुल्फिकार ने राजाराम की पत्नियों को तो बच जाने दिया और बादशाह की नाराजी से बचने के लिए राजाराम की रखैलों और उनके बेटे-बेटियों को दरबार में भेज दिया।[25]

मुगल शिविर में यह अफवाह थी कि जुल्फिकार खान के हृदय में राजाराम के प्रति सहानुभूति है और वह मराठा शासक से कुछ गुप्त संवाद कर रहा है। ऐसा असम्भव भी नहीं लगता क्योंकि जुल्फिकार खान बादशाह की मृत्यु के बाद कर्नाटक में अपनी स्वतंत्र सरकार बनाने की योजना बना रहा था।[26] जुल्फिकार

के व्यवहार से बादशाह को सन्देह हुआ और खान को उसके मित्रों ने सलाह दी कि यदि वह जिन्जी पर अधिकार नहीं करता और खास लोगों को नहीं पकड़ता तो वह बादशाह की नजरों से गिर जाएगा और नष्ट हो जाएगा। यह जानकारी खान ने राजाराम तक पहुँचा दी और राजाराम के भागने में सहयोग दिया।

मुगल सेना से लड़ाई

मार्च 1701 में बख्तबुलन्द और जामगढ़ का जमींदार नवलशाह ने मराठों के साथ मिलकर 4 हजार घुड़सवारों और 12 हजार पैदल सैनिकों की सेना एकत्र की और बरार के सूबेदार अलीमर्दान खान पर आक्रमण कर दिया। वे पराजित हुए और नवलशाह मारा गया और बख्तबुलन्द घायल हुआ। मुगलों के 200 सैनिक मारे गए। सूबेदार ने विद्रोहियों का पीछा कालापुर के रास्ते किया और फिर से लड़ाई हुई, जिसमें मई 1701 में अमरावती से 28 मील पश्चिम में दरयापुर के पास बख्तबुलन्द के मराठा मित्रों की पराजय हुई।[27] 1701 में ही गाजीउद्दीन खान बहादुर फीरोज जंग को फिर से देवगढ़ उर्फ इस्लामगढ़ पर अधिकार करने के लिए भेजा गया।[28] इसके पहले भी फीरोज जंग सफलतापूर्वक देवगढ़ का अभियान कर चुका था। गाजीउद्दीन फीरोज जंग को निगूनबख्त को खत्म करने का काम सौंपा गया था, पर उसे शीघ्र वापिस बुला लिया गया।[29] अब उसकी जगह शहजादा आजम को रखा गया किन्तु वह अपना अभियान पूरा नहीं कर पाया क्योंकि उसे गुजरात का सूबेदार नियुक्त कर दिया गया था। फरवरी 1703 में खबर मिली कि बख्तबुलन्द के मुस्लिम सहयोगियों ने उज्जैन के पास अब्बास के अन्तर्गत विद्रोह कर दिया है। फिर अगले साल जनवरी 1704 में खबर मिली कि इन्होंने सैयद अब्दुल कादिर के अन्तर्गत विद्रोह कर दिया है।[30]

अब तक सिवनी जिला उसे गढ़ा के राजा नरेन्द्रशाह ने दे ही दिया था और खेरला पर भी उसने अधिकार कर लिया था।[31] भंडारा जिले में सानगढ़ी और परताबगढ़ को डोंगरताल के किलेदार राज खान पठान ने उसके लिए अधिकृत कर लिया था। देवगढ़ के राजा का इलाका इस जिले के उत्तर में अम्बागढ़ से लेकर तिरोड़ा तक फैल गया।[32] 1707 में दक्खन में ही औरंगजेब का निधन हो गया और इससे बख्तबुलन्द का मार्ग निष्कंटक हो गया। पर, जैसा कि हम देखेंगे वह ज्यादा समय तक जीवित नहीं रहा।

यह कहना गलत है कि बख्तबुलन्द ने उस जगह नागपुर शहर की बुनियाद रखी, जहाँ पहले राजापुर बारसा नामक 12 टोले थे।[33] जाटबा द्वारा 1578 में कस्बा नागपुर के निवासियों वीस जोशी और कोंड जोशी को जारी की गई सनदों से स्पष्ट है कि नागपुर तो जाटबा के समय मौजूद था। इसके अलावा हम देख चुके हैं कि 1637 में नागपुर पर मुगलों ने आक्रमण किया था। इससे स्पष्ट है कि नागपुर बख्तबुलन्द के समय से पहले से अस्तित्व में था।

टोडरमल द्वारा नागनाथ जोशी को दी गई 1701 की सनद, बख्तबुलन्द की पत्नी श्यामकुँवर द्वारा चिन्तामन जोशी को दी गई 1703 की सनद, दलपतराय द्वारा चिन्तामन जोशी को 1705 में दी गई सनद और दुर्गाजी अमीन द्वारा चिन्तामन जोशी को 1707 में दी गई सनद बताती हैं कि इन्हें देवगढ़ राजाओं के अन्तर्गत राजस्व और प्रशासकीय अधिकार थे।[34]

बख्तबुलन्द ने भैया राजमल कायस्थ को देवगढ़ का दीवान बनाया। राजमल लखनऊ से आया था और उसे फारसी भाषा का अच्छा ज्ञान था। बख्तबुलन्द के समय बामाजी विश्वनाथ पन्त कान्हे अत्यन्त योग्य अधिकारी था। उसे दफ्तर का काम दिया गया था। वह राजपरिवार के सभी खर्च की देखरेख करता था। बाद में बख्तबुलन्द ने रामाजी त्रिम्बक को मुलकी दफ्तर का काम सौंपा।[35]

महमूद खान झालकी बख्तबुलन्द का एक निष्ठावान कर्मचारी था। वह बख्तबुलन्द के साथ देवगढ़ से नागपुर आया और उसकी नियुक्ति जमादार के पद पर की गई थी। हाफिज नूर मोहम्मद भी बख्तबुलन्द के साथ देवगढ़ से नागपुर आया और उसकी नियुक्ति किले की शाही मस्जिद के इमाम के पद पर की गई थी। उसके निधन के बाद उसका बेटा हाफिज अब्दुल बलाकी इमाम हुआ।[36] बख्तबुलन्द ने हर्रई की जागीर नारायणराव के पोते जुझारशाह को प्रदान की थी।[37]

9 जुलाई 1709 को बख्तबुलन्द द्वारा चिन्तामन जोशी को दी गई सनद[38] से स्पष्ट होता है कि तब तक तो बख्तबुलन्द मौजूद था। अर्थात् उसका निधन 9 जुलाई 1709 के बाद ही हुआ होगा। उसने अपने पीछे चार बेटे[39] छोड़े—विवाहित पत्नियों से चाँद सुल्तान, मुहम्मदशाह और दो मुस्लिम रखैलों से दो पुत्र—अलीशाह और वलीशाह। बख्तबुलन्द के निधन के बाद उसका ज्येष्ठ पुत्र चाँद सुल्तान गद्दी पर बैठा।

मूल्यांकन

बख्तबुलन्द के अन्तर्गत देवगढ़ राज्य की उन्नति को लेकर जेन्किन्स बहुत की प्रशंसा करते हैं। वे कहते हैं कि "बख्तबुलन्द का शासन उसके राज्य के लिए अत्यन्त सुधार का युग था। उसने अपने राज्य में व्यवस्था और नियमितता कायम करने के लिए बिना भेदभाव के योग्य मुसलमानों और हिन्दुओं को नियुक्त किया। सभी दिशाओं से लोग गोंडवाना में बसने के लिए आकर्षित हुए। कई कस्बे और गाँव बसे और खेती, निर्माण और व्यापार में काफी उन्नति हुई। उसका दरबार कई सैनिक साहसिकों का आश्रय स्थल था। उनमें से कुछ के वंशज अभी भी हैं। उसके विदेशी सैनिकों के बेहतर अनुशासन और साहस से उसकी ताकत को घर और बाहर दोनों जगह सम्मान मिला। इन तरीकों से उसने चान्दा और मंडला से कई विजयें कीं, जो मूलतः देवगढ़ की तुलना में समृद्धि और ताकत में बहुत श्रेष्ठ थे। उसने मराठों की उभरती राजनीतिक ताकत के साथ औरंगजेब के संघर्ष से उत्पन्न उथल-पुथल का काफी फायदा उठाया। हालाँकि समय परिपक्व नहीं हुआ था। बख्तबुलन्द के वंशजों के आपसी झगड़ों के कारण वे बाहरी विजय का शिकार हुए तथापि यह कहा जा सकता है कि मराठा प्रशासन की ज्यादातर सफलता उसके द्वारा पहले से ही कायम बुनियाद के कारण थी।"[40]

जेन्किन्स के इस कथन से वेलणकर सहमत नहीं हैं। वे कहते हैं कि "जेन्किन्स बख्तबुलन्द के शासनकाल की जो तस्वीर पेश करते हैं वह अतिशयोक्तिपूर्ण दिखती है क्योंकि बख्तबुलन्द ने मुगलों की सहायता से 1686 में देवगढ़ की गद्दी हासिल की और वह मुगलों के करद के रूप में बहुत कम समय रहा और जल्दी ही उसने स्वतंत्रता घोषित कर दी और बादशाह के क्रोध का शिकार बना। उसे 1691 में अपदस्थ कर दिया गया और उसके बाद उसका मुगलों से लगातार संघर्ष चलता रहा। एक से ज्यादा बार उसे भागना पड़ा, सहायता के लिए भटकना पड़ा और एक साधारण सैनिक का जीवन बिताना पड़ा। 1686 से लेकर 1706 तक वह अपने अस्तित्व की लड़ाई लड़ता रहा इसलिए सम्भवतः उसके पास अपने राज्य को विकसित करने का समय न मिला होगा। वेलणकर का मत है कि देवगढ़ राज्य अपने चरम शिखर पर बख्तबुलन्द के समय नहीं, बल्कि उसके उत्तराधिकारी बेटे चाँद सुल्तान के समय पहुँचा।"[41]

बख्तबुलन्द की उपलब्धियों के बारे में जेन्किन्स और वेलणकर दोनों के ही मत एकतरफा प्रतीत होते हैं। ऐसा प्रतीत होता है कि देवगढ़ राज्य के सम्पूर्ण इलाके की समृद्धि और विकास का श्रेय पूरी तरह बख्तबुलन्द को नहीं दिया जा सकता और न ही उसके योगदान को नकारा जा सकता है। वस्तुस्थिति यह दिखती है कि 1699 में गढ़ा के राजा नरेन्द्रशाह से सिवनी जिले का इलाका मिलने के बाद कम-से-कम सिवनी जिले में बख्तबुलन्द की सत्ता स्थायी हो गई और सिवनी जिले के प्रदेश का विकास बख्तबुलन्द के समय वैसा हुआ जैसा कि जेन्किन्स कहते हैं। अर्थात् जेन्किन्स का कथन सिवनी जिले के सन्दर्भ में ठीक प्रतीत होता है।

सन्दर्भ

1. *मासिर-ए-आलमगीरी*, पृ. 273, (सेतु माधवराव पागडी का मराठी अनुवाद, *मराठे आणि औरंगजेब*, पृ. 32)।
   कैम्ब्रिज हिस्ट्री ऑफ इंडिया, जिल्द चार, पृ. 313-14।
2. जदुनाथ सरकार, *हिस्ट्री ऑफ औरंगजेब*, जिल्द पाँच, पृ. 408।
3. *मासिर-ए-आलमगीरी*, पृ. 273, पागड़ी का मराठी अनुवाद, पृ. 49।
4. जदुनाथ सरकार, *हिस्ट्री ऑफ औरंगजेब*, जिल्द पाँच, पृ. 408।
5. *मोगल दरबाराची बातमी पत्र*, सेतु माधवराव पगड़ी, पृ. 147-14।
6. जदुनाथ सरकार, *हिस्ट्री ऑफ औरंगजेब*, जिल्द पाँच, पृ. 409।
7. रघुबीरसिंह, *मालवा इन ट्रान्जीशन*, 1936, पृ. 49।
8. जदुनाथ सरकार, *हिस्ट्री ऑफ औरंगजेब*, जिल्द पाँच, पृ. 408।
9. रघुबीरसिंह, *मालवा इन ट्रान्जीशन*, पृ. 49।
10. *मासिर-ए-आलमगीरी*, पागड़ी का मराठी अनुवाद *मराठे व औरंगजेब*, 1963, पृ. 404।
11. रघुबीरसिंह, *मालवा इन ट्रान्जीशन*, पृ. 54।
12. वही, पृ. 67-68।
13. स्लीमेन, जर्नल ऑफ एशियाटिक सोसायटी ऑफ बंगाल 68, 1837, पृ. 634-35।
14. जदुनाथ सरकार, *हिस्ट्री ऑफ औरंगजेब*, जिल्द पाँच, पृ. 410।
15. स्लीमेन, पृ. 635।
16. जदुनाथ सरकार, *हिस्ट्री ऑफ औरंगजेब*, जिल्द पाँच, पृ. 410।
17. ब्रजकिशोर, *ताराबाई एंड हर टाइम्स*, 1963, पृ. 59।
18. खफी खान, *मुन्तखाब-उल-लुबाब*, जिल्द दो, पागड़ी का मराठी अनुवाद, *मराठ्यांचे स्वातंत्र युद्ध*, पृ. 42।
19. *मासिर-ए-आलमगीरी*, पागड़ी का मराठी अनुवाद, *मराठे व औरंगजेब*, पृ. 75।

20. स्टर्नडेल, *सिवनी ऑर कैम्प लाइफ आन द सतपुड़ा रेन्ज*, 1887, पृ. 178-80।
21. भंडारा जिला गैजेटियर, रसेल, 1907, जिल्द एक, पृ. 28, सिवनी जिला गैजेटियर, रसेल, 107, जिल्द ए, पृ. 30।
22. एम.बी. भेज, *रघुजी भेंसलयांची देवगढवर स्वारी*, 1979, पृ. 26।
23. छिन्दवाड़ा डिस्ट्रिक्ट गैजेटियर, 1995, पृ. 252-53।
24. *मआसिर-ए-आलमगीरी*, पागड़ी का मराठी अनुवाद, *मराठे व औरंगजेब*, पृ.133।
25. ब्रजकिशोर, *ताराबाई एंड हर टाइम्स*, 1963, पृ. 57।
26. ग्रांट डफ, *हिस्ट्री आफ द मराठाज़*, जिल्द एक, 1971, पृ. 213।
27. जदुनाथ सरकार, *हिस्ट्री ऑफ औरंगजेब*, जिल्द पाँच, पृ. 411।
28. *मआसिर-उल-उमरा*, हिन्दी अनुवाद *मुगल दरबार*, तीन, 1952, पृ. 218।
29. *तारीख-ए-दिलकुशा*, पागडी का अनुवाद, *मोगल आणि मराठे*, 1963, पृ. 149।
30. जदुनाथ सरकार, *हिस्ट्री ऑफ औरंगजेब*, जिल्द पाँच, पृ. 411।
31. बैतूल जिला गैजेटियर, रसेल, 1907, पृ. 370. ग्रांट, सी.पी. गैजेटियर, 1870, पृ. 284, 302।
32. भंडारा जिला गैजेटियर, रसेल, पृ. 28।
33. काले, *नागपुर प्रान्ताचा इतिहास*, पृ. 71. जेन्किन्स रिपोर्ट, 1827, पृ. 47।
34. *विदर्भातील ऐतिहासिक लेख संग्रह*, जिल्द एक, लेखांक 12, 13, 14 और 15 पृ. 31-35।
35. वही, लेखांक दो, पृ. 9-10।
36. अन्धारे, पृ. 95।
37. छिन्दवाड़ा डिस्ट्रिक्ट गैजेटियर, 1995, पृ. 373. किन्तु इसमें दी हुई तारीख 1750 गलत है।
38. *विदर्भातील ऐतिहासिक लेख संग्रह*, जिल्द एक, लेखांक 16, पृ. 35-36।
39. वही, पृ. 3।
40. जेन्किन्स रिपोर्ट, 1827, पृ. 47-63, छिन्दवाड़ा डिस्ट्रिक्ट गैजेटियर, रसेल, 1907, पृ. 29।
41. वेलणकर, पृ. 142-43।

चाँद सुल्तान

मुगल राजनीति

बख्तबुलन्द के निधन के बाद उसका ज्येष्ठ बेटा चाँद सुल्तान उसका उत्तराधिकारी हुआ। उसके राज्यारोहण की निश्चित तिथि देना कठिन है किन्तु बख्तबुलन्द की 1709 की सनद से और विल्स द्वारा उल्लिखित 1719 के दो दस्तावेजों[1] से निष्कर्ष निकलता है कि चाँद सुल्तान 1709 और 1719 के मध्य कभी गद्दी पर बैठा। इतिहास बताता है कि 1707 में औरंगजेब के निधन के बाद के 15 साल अत्यन्त घटना प्रधान रहे और यही वह समय था जब चाँद सुल्तान देवगढ़ के सिंहासन पर बैठा था। 1709 में हैदराबाद के पास औरंगजेब के बेटे बहादुरशाह और कामबख्श के बीच युद्ध हुआ। जिसमें कामबख्श मारा गया और बहादुरशाह बादशाह हो गया। बहादुरशाह के समय मराठों ने सरदेशमुखी वसूल करने के लिए बरार के इलाके पर धावे मारे और बुरहानपुर तक को घेर लिया। 1712 में बहादुरशाह की मृत्यु हो गई और जहाँदारशाह मुगल साम्राज्य के तख्त पर बैठा पर अगले साल ही सैयद बन्धुओं अब्दुल्ला खाँ और हुसैन खाँ के सहयोग से फर्रुखसियर बादशाह बन गया। फर्रुखसियर के समय चिनक्लिच खाँ को निजामुल्मुल्क की पदवी प्रदान करके दक्खन का सूबेदार बनाया गया किन्तु अगले साल ही उसे दक्खन की सूबेदारी से हटा दिया गया और हुसैन खाँ ने खुद दक्खन की सूबेदारी ले ली। आगे की घटनाएँ तेजी से घटीं। पेशवा बालाजी विश्वनाथ, फरवरी 1719 में दिल्ली पहुँचा और उसने सैयद बन्धुओं से स्वराज्य, चौथ तथा सरदेशमुखी तीनों के अधिकारपत्र हासिल किए। किन्तु इसके बाद ही 29 अप्रैल 1719 को फर्रुखसियर की हत्या कर दी गई और मुगल दरबार अमीरों के संघर्ष का केन्द्र बन गया।[2] 1720 में दो मुगल अधिकारियों आसफजाह निजामुल्मुल्क और आलम अली खान के बीच खंडवा के पास एक भयानक युद्ध हुआ, जिसमें

देवगढ़ राज्य की उत्तर-पश्चिम सीमा से लगी मकड़ाई रियासत के राजा फतहशाह ने निजाम की तरफ से युद्ध किया था। युद्ध में निजाम की जीत हुई थी।[3]

मुगल राजनीति की इस उथल-पुथल का फायदा चाँद सुल्तान को मिला और उसका शासन काल मुगल हस्तक्षेप से बचा रहा और वह बाहरी आक्रमण से निश्चिन्त होकर अपने संसाधनों का उपयोग देवगढ़ राज्य की उन्नति में लगा सका। जैसा कि हम आगे देखेंगे, चाँद सुल्तान का सम्बन्ध मुगल दरबार के प्रभावशाली अमीर सैयद हुसैन अली से बहुत अच्छे थे।

दो दस्तावेज

विल्स ने 1719 ईस्वी के दो दस्तावेजों[4] का जिक्र किया है जो विल्स के समय नागपुर जिले की सावनेर तहसील के उपरवाही गाँव के निवासी कुँवर दौलतशाह राजगोंड के पास थे, जो चाँद सुल्तान का वंशज था। इनसे यह प्रकट होता है कि चाँद सुल्तान उस समय दक्खन के सूबेदार सैयद हुसैन अली का बहुत कृपापात्र था। हुसैन अली भारत के इतिहास के प्रसिद्ध सैयद बन्धुओं में से एक था जिन्होंने मुहम्मद शाह गाजी को दिल्ली के तख्त पर बिठाया था।

एक दस्तावेज में बख्तबुलन्द के बेटे यानी चाँद सुल्तान के भाई वली मुहम्मद को और बख्तबुलन्द के सगे भाई नजर मुहम्मद के तीन बेटों मुहम्मद आलम, मुहम्मद सलीम और मुहम्मद अली को नीचे लिखे अनुसार मन्सब देने की सिफारिश की गई है—

वली मुहम्मद—	2500 जात 500 सवार का मन्सब
मुहम्मद आलम—	700 जात 100 सवार का मन्सब
मुहम्मद सलीम—	600 जात 50 सवार का मन्सब
मुहम्मद अली—	500 जात 40 सवार का मन्सब

दूसरे दस्तावेज के द्वारा सूबा बरार की सरकार खेरला के परगना आमनेर के देखमुखों, देशपांडों, मुकदमों, रैयत और किसानों को जानकारी दी गई है कि उजय सावन्त और अन्य लोगों को पद से हटाने के परिणामस्वरूप इस परगने से होनेवाली 54 लाख 99 हजार 3 सौ बत्तीस (54,99,332) दाम की आय बहादुर और श्रेष्ठ मुहम्मद चाँद और अन्य लोगों को वेतन के बदले जागीर के रूप में दी जा रही है।

विल्स ने एक और फारसी दस्तावेज का उल्लेख किया है जो उनके अनुसार

करीब 1735 ईस्वी का था और जिसमें दक्खन के संभागों के आँकड़े और कुछ टिप्पणियाँ और वहाँ से प्राप्त होनेवाली आय का उल्लेख है। यह विवरण दीवान के कार्यालय में पाई गई दियानत खान की नोटबुक मे मिला था। दस्तावेज में लिखा है कि "इस्लामगढ़ या देवगढ़ की सरकार की आय 11,38,233 रुपए है" किन्तु इस समय पूरा इलाका देवगढ़ के जमींदार के पास है और इसलिए परगनों या गाँवों का विवरण प्राप्त नहीं है। यह एक महत्त्वपूर्ण स्वीकारोक्ति है। किन्तु दस्तावेज की एक सामान्य टिप्पणी हालात पर ज्यादा प्रकाश डालती है, जो इस प्रकार है—"1144 हिजरी साल के जिकाद महीने में अर्थात् मुहम्मदशाह के शासन के तेरहवें साल, जब सुल्तान अली नवाब आसफजाह (निजाम हैदराबाद) ने कर वसूल करने के लिए देवगढ़ पर धावा किया, तो देवगढ़ के राजा के एक सेवक खांडेकला के अधिकार से पवनार की सरकार ले ली गई। पवनार की सरकार इस व्यक्ति के पास पिछले बीस साल से थी। जब इस व्यक्ति ने शाही सेवा में प्रवेश कर लिया तो इसी साल यह खांडेकला के पास आ गई और अन्ततः यह उसे जागीर के रूप में दे दिया गया।"[5] पवनार वर्धा नदी के पूर्व में अत्यन्त महत्त्व की चौकी थी। यह मुगल फौजदार का सरकारी आवास था। जिसका काम था देवगढ़ से कर वसूल करना।[6] पवनार की पूरी सरकार 1712 से 1732 तक 20 साल तक चाँद सुल्तान के पास रही। इससे मुगलों की कमजोरी और देवगढ़ की ताकत का अनुमान लगाया जा सकता है। यह जरूर है कि इस समय मराठों और मुसलमानों के धावे होते रहे। किन्तु औरंगजेब के निधन के बाद इस इलाके में मुगल सत्ता बहुत कमजोर हो गई थी जिससे चाँद सुल्तान का काम अपेक्षाकृत सरल हो गया।

बरार में भोंसले

इस समय की एक महत्त्वपूर्ण घटना थी बरार में भोंसले का प्रवेश। बरार में भोंसले के प्रवेश के बाद देवगढ़ राज्य का उससे सम्पर्क हुए बिना नहीं रहा। जब देवगढ़ राज्य ताकतवर था तब तक तो भोंसले की उपस्थिति का देवगढ़ पर विपरीत प्रभाव नहीं पड़ा, किन्तु जब देवगढ़ राज्य कमजोर हुआ तो भोंसले ने उससे फायदा उठाया और तब देवगढ़ के पतन का मार्ग प्रशस्त हो गया। बरार के इलाके में भोंसले का आना केवल देवगढ़ के लिए नहीं बल्कि मराठों की शक्ति के प्रसार के लिए भी महत्त्वपूर्ण सिद्ध हुआ।

छत्रपति शाहू के आदेश से कान्होजी भोंसले को सेना साहेब सूबा नियुक्त किया गया था और उसे बरार तथा गोंडवाना से चौथ वसूल करने का अधिकार दिया गया। उसका मुख्यालय यवतमाल के पास भाम में था। तदनुसार उसने देवगढ़ पर धावा किया और देवगढ़ के राजा चाँद सुल्तान से चौथ वसूल करने का अधिकार स्थापित किया।[7] कान्होजी भोंसले के भतीजे और बाद में बरार और गोंडवाना में सेना साहेब सूबा के रूप में उसके उत्तराधिकारी रघुजी भोंसले कान्होजी से कुछ असन्तुष्ट होकर अपने 100 सैनिकों के साथ भोंसले शिविर छोड़कर देवगढ़ के राजा चाँद सुल्तान के पास चला गया।[8] वहाँ उसका अच्छा स्वागत किया गया। रघुजी वहाँ कुछ समय रहा और वहाँ से एलिचपुर और फिर छत्रपति शाहू के पास सतारा चला गया।

पेशवा बाजीराव

हालाँकि गोंडवाना और बरार पेशवा और भोंसले के अन्तर्गत थे पर दोनों में से किसी के पास भी चौथ वसूलने की नियमित सनद नहीं थी। इसलिए पेशवा और भोंसले दोनों सैनिक ताकत के बल पर इस इलाके पर अपने अधिकार स्थापित करना चाहते थे। शाहू कर्ज में डूबा था। यह संकट दूर करने के लिए 1728 में बाजीराव पेशवा और चिमनाजी ने उत्तर भारत की ओर अभियान किए। बाजीराव बरार, नागपुर और गोंडवाना होकर उत्तर रवाना हुआ और चिमनाजी खानदेश और नर्मदा घाटी होकर उत्तर की ओर चला।

पेशवा बाजीराव अपने 4 हजार और देवलजी सोमवंशी सरलशकर के 10 हजार सैनिकों के साथ पिलाजी जाधव के साथ गोंडवाना रवाना हो गया। वह बीड औंध, वाशिम और माहुर के रास्ते कोराडी परगना 3 जनवरी 1729 को पहुँचा जो नागपुर से देवगढ़ के रास्ते पर 8 मील दूर था। उसी दिन जब बाजीराव सरदार बतोले के साथ कोराडी में ठहरा हुआ था उसने कान्होजी भोंसला को साथ ले जाने के लिए एक व्यक्ति को कान्होजी को बुलाने भेजा। कान्होजी नहीं आया तब बाजीराव को लगा कि कुछ गड़बड़ है और उसने रानोजी भोंसले को ले चलने का तय किया, जो पहले ही देवगढ़ के पड़ोस में पहुँच गया था। बाजीराव ने 9 जनवरी 1729 को देवगढ़ की सीमा में पहुँचकर चाँद सुल्तान को सन्धि का सन्देश भेजा। पेशवा बाजीराव और देवगढ़ के राजा के बीच सन्धि हो गई और बाजीराव गढ़ा राज्य से होकर बुन्देलखंड रवाना हो गया।[9]

चाँद सुल्तान ने इसके बाद कुछ साल और राज्य किया और 1735 में उसका निधन हो गया।[10] चाँद सुल्तान की पत्नी का नाम रानी रतनकुँवर था और इससे उसके तीन बेटे थे—मीरबहादुरशाह, अकबरशाह और बुरहानशाह। चाँद सुल्तान की मृत्यु के समय मीरबहादुरशाह, अकबरशाह और बुरहानशाह की आयु ज्यादा नहीं थी और हम देखेंगे कि इस कारण इन्हें चाँद सुल्तान के निधन के बाद मुश्किलों का सामना करना पड़ा।

यह कहना गलत है कि चाँद सुल्तान के समय देवगढ़ राज्य की राजधानी देवगढ़ से नागपुर स्थानान्तरित कर दी गई और नागपुर में पत्थर की दीवार बना दी गई।[11] आगे की घटनाएँ प्रकट करती हैं कि देवगढ़ 1737 तक देवगढ़ राज्य की राजधानी बना रहा। चाँद सुल्तान की मृत्यु के बाद जब वलीशाह ने गद्दी हथिया ली तो चाँद सुतान की विधवा रानी रतनकुँवर के निवेदन पर रघुजी ने वलीशाह से युद्ध किया। जिसमें वलीशाह मारा गया। उसके बाद रघुजी रानी रतनकुँवर और उसके दो नाबालिग बेटों को सुरक्षा के लिए नागपुर ले आया और वहाँ उसने किले में इनको रखा। अर्थात् चाँद सुल्तान की मृत्यु के बाद 1737 में ही नागपुर देवगढ़ राज्य की राजधानी बना।

चाँद सुल्तान के समय समृद्धि

चाँद सुल्तान का शासनकाल देवगढ़ के इतिहास में समृद्धि के शिखर पर था। इन वर्षों के मुस्लिम इतिहास में देवगढ़ का एक भी बार उल्लेख नहीं आता। इसका कारण यह है कि 1707 में औरंगजेब के निधन के बाद मुगल साम्राज्य बिखरने लगा और उसका परिणाम यह हुआ कि उसका नियंत्रण देवगढ़ राज्य पर कमजोर हो गया और देवगढ़ पर अब शाही दखलन्दाजी का खतरा नहीं रहा और उसे मुगल सेनाओं से जूझने से मुक्ति मिल गई। इसका सीधा असर यह हुआ कि देवगढ़ राज्य शान्ति और समृद्धि की ओर अग्रसर हुआ।

सर आर. क्रेडाक ने अपनी सेटलमेन्ट रिपोर्ट में चाँद सुल्तान के समय की समृद्धि का विवरण दिया है—

"बख्तबुलन्द के उत्तराधिकारी ने अच्छा काम जारी रखा। उसने नागपुर को राजधानी बनाकर उद्योगों को और बाहर से लोगों को बसा कर खेती को प्रोत्साहित किया और आक्रमणकारी अवसर पाते ही उस पर अधिकार करने की इच्छा करने लगे।"[12] चाँद सुल्तान द्वारा मोहम्मद खान रोहिल्ला को 1727 को जारी सनद से

चाँद सुल्तान के समय की समृद्धि प्रकट होती है।[13]

यह स्मरणीय है कि बख्तबुलन्द के समय का सिवनी और डोंगरताल का दीवान राज खान अभी जीवित था और उसका बेटा मुहम्मद खान पठान चाँद सुल्तान के समय भी सानगढ़ी का किलेदार था।[14] यह भी जानकारी मिलती है कि चाँद सुल्तान के समय वाजीउद्दीन नामक व्यक्ति अपने परिवार के साथ नागपुर आया। चाँद सुल्तान द्वारा गाड़ीखाना नागपुर में बनाई जा रही मस्जिद की देखरेख व व्यवस्था करने की जिम्मेदारी वाजीउद्दीन को सौंपी गई थी। इसके अलावा मीर बाबर अली का परिवार दक्षिण से नागपुर चाँद सुल्तान के समय आया था।[15]

सन्दर्भ

1. विल्स, पृ. 168-169।
2. प्रज्ञा अवस्थी, *मुगलकालीन खानदेश,* 2003, पृ. 66-74।
3. युसुफ हुसैन, *द फर्स्ट निजाम,* 1963, पृ. 96।
4. विल्स, पृ. 168-169।
5. वही, पृ. 170।
6. वही, पृ. 170, जेन्किन्स रिपोर्ट, 1827, पृ. 47।
7. गुप्ते, *नागपुरकर भोंसल्यांची बखर,* 1963, पृ 38।
8. वही, पृ. 39, काले, *नागपुर प्रान्ताचा इतिहास,* 1934, पृ. 69।
9. जी.एस. सरदेसाई (सम्पा.), *सेलेक्शन्स फ्राम पेशवा दफ्तर,* भाग तेरह, 1931, पृष्ठ 16-41, काले, *नागपुर प्रान्ताचा इतिहास,* 1934, पृ. 65।
10. वि.ऐ.ले.सं. खंड 1, लेखांक 96, पृ. 174-75।
11. जेन्किन्स रिपोर्ट, पृ. 63 और भंडारा जिला गैजेटियर, 1907, पृ. 29।
12. नागपुर सेटलमेन्ट रिपोर्ट, 1899, पृ. 30 और 31।
13. वि.ए.ले.सं., एक, लेखांक 96, पृ. 174।
14. एम.बी. भोज, *रघुजी भेंसल्यांची देवगढ़वर स्वारी,* 1979, पृ. 26।
15. अन्धारे, पृ. 96।

वलीशाह, अकबरशाह और बुरहानशाह

वलीशाह

जैसा कि बताया जा चुका है, चाँद सुल्तान के तीन वैध बेटे थे—मीरबहादुरशाह, अकबरशाह और बुरहानशाह। चाँद सुल्तान के निधन के बाद बख्तबुलन्द के अवैध पुत्र वलीशाह ने चाँद सुल्तान के बेटों की कम आयु का और उनकी माँ रानी रतनकुँवर की असहाय स्थिति का लाभ उठाकर गद्दी पर अधिकार करने की कोशिश की। बख्तबुलन्द का बड़ा बेटा मीरबहादुर तो अपनी सुरक्षा के लिए देवगढ़ से नागपुर भाग गया। जहाँ उसे वलीशाह द्वारा 1735 में मार डाला गया।[1] इसके बाद वलीशाह ने देवगढ़ की गद्दी पर अधिकार कर लिया और रतनकुँवर और उसके दोनों अल्पवयस्क पुत्रों अकबरशाह तथा बुरहानशाह को बन्दी बना लिया। अब रानी रतनकुँवर ने अपनी असहाय हालत का वर्णन करते हुए गुप्त रूप से रघुजी को पत्र लिखा और अपने पुत्रों की रक्षा करने के लिए उससे वलीशाह के खिलाफ मदद माँगी। इसके आगे की घटनाओं का विवरण नागपुरकर भोंसल्यांची बखर[2] में मिलता है—

जब रघुजी को रानी रतनकुँवर का पत्र मिला, वह अपने मुख्यालय भाम में था और वहाँ से वह रानी रतनकुँवर की मदद के लिए रवाना हो गया। उसने कड़म्ब का किला जीत लिया और वहाँ से अपने सैनिकों के साथ वर्धा जिले में केलझर आया। केलझर में जो गढ़ी थी वह देवगढ़ के गोंड राजा के अधिकार में थी और वहाँ गोंड सेना थी। इस गढ़ी को रघुजी ने सरलता से जीत लिया। इसके बाद रघुजी ने बैनगंगा की घाटी में प्रसिद्ध जगह पवनी आया जहाँ गोंडों की एक मजबूत चौकी थी। रघुजी ने पवनी को अधिकृत कर लिया और पवनी के थाने में उसने तुलोजी रामपन्त को नियुक्त किया।

भंडारा आने के बाद रघुजी ने सन्त देवबा और पीरशाह बाबा के दर्शन किए और भंडारा में भूईकोट किले में मोर्चा बाँधा। यह बात देवगढ़ के राजा वलीशाह

को पता चलते ही उसने अपने दीवान रघुनाथसिंह को सेना देकर रघुजी का सामना करने के लिए भेजा। रघुजी ने अपनी सेना बैनगंगा के उस पार गिरोला से सोनबर्डी तक यानी तीन किलोमीटर तक रख छोड़ी थी। सोनबर्डी के पास बैनगंगा नदी के तट के दो गाँवों मीरनगर और सिरसघाट के बीच दोनों पक्षों का सामना हुआ।

सोनबर्डी की लड़ाई

रघुनाथसिंह की सेना और भोंसले की सेना के बीच बैनगंगा नदी थी। रघुनाथसिंह ने नदी पार की और दूसरे तट पर मुकाबले के लिए आ गया। रघुजी के पास 5 हजार सेना थी और रघुजी करांडे तथा कोन्हेरराम कोल्हटकर नामक सरदार भी उनके साथ थे।

इस प्रकार दोनों सेनाएँ नदी के दक्षिणी तट पर थी। इस समय रघुजी भोंसले ने रघुजी करांडे को कुछ सेना सोनबर्डी के बाजू में और कुछ सेना गिरोली गाँव के पास रखने के लिए कहा। इस प्रकार रघुनाथसिंह के दोनों बाजू मराठा सेना हो गई। अचानक रघुजी करांडे ने 500 सैनिकों के साथ गोंड सेना के पीछे धावा कर दिया और उसे तीन ओर से घेर लिया। चौथी ओर बैनगंगा नदी थी। घमासान युद्ध में गोंडों के बहुत से सैनिक मारे गए। गोंड सेना पराजित हुई और मराठों ने उनका पीछा किया। कई गोंड सैनिक बैनगंगा में डूब गए। इसी समय भोंसले की सेना ने रघुनाथसिंह पर आक्रमण किया जिससे रघुनाथसिंह घायल हो गया। जख्मी हालत में रघुनाथसिंह रघुजी भोंसले के हाथ पड़ गया। वह उसे अपने साथ ले गया और उसका इलाज कराया। इस प्रकार जीवनदान दिए जाने से रघुनाथसिंह रघुजी भोंसले के प्रति बहुत अनुग्रहीत हुआ। वह रघुजी भोंसले के पक्ष में आने को तैयार हो गया। किन्तु रघुजी के मन में कुछ और ही योजना थी। रघुनाथसिंह से रघुजी ने कहा कि वह देवगढ़ लौटकर जाए और किसी युक्ति से वलीशाह को किले के बाहर निकाले, जिससे उसे बन्दी बनाया जा सके। रघुनाथसिंह को आश्वासन दिया गया कि यदि वह वलीशाह को सौंप देगा तो उसका दीवान का पद बरकरार रखा जाएगा। रघुजी के व्यवहार से और मराठों की ताकत से प्रभावित होकर रघुनाथसिंह ने यह प्रस्ताव स्वीकार कर लिया। इसके बाद रघुनाथसिंह को देवगढ़ भेज दिया गया।

रघुजी ने भंडारा के किलेदार हरी पाटील से लड़ाई जारी रखी। हरी पाटील ने 22 दिन तक युद्ध किया पर अन्त में रघुजी भोंसले के सेनापति रघुजी करांडे ने हरी पाटील को बन्दी बना लिया। अन्त में हरी पाटील को क्षमा करके उसे फिर से भंडारा के किले में नियुक्त कर दिया। भंडारा पर रघुजी भोंसले का अधिकार होने से पूर्व की ओर उसके प्रसार का रास्ता साफ हो गया।

रघुजी का आक्रमण

अब मराठा सेना देवगढ़ की ओर रवाना हो गई। जब मराठा सेना देवगढ़ पहुँची तब वलीशाह देवगढ़ के किले में था। जब काफी दिनों तक वलीशाह किले से बाहर नहीं आया तो रघुजी भोंसले ने देवगढ़ के दीवान रघुनाथसिंह को सन्देश भेजा। योजना के अनुसार रघुनाथसिंह ने वलीशाह को विश्वास दिलाते हुए खबर भेजी कि उसने किले के बाहर अच्छा इन्तजाम किया है और वलीशाह को किले के बाहर आने के लिए कहा। वलीशाह किले के बाहर आया और एक संक्षिप्त मुठभेड़ के बाद वलीशाह को रघुजी ने बन्दी बना लिया। इसके बाद रघुजी ने रानी रतनकुँवर, उसके बेटों बुरहानशाह और अकबरशाह से मुलाकात की और सभी को कैद से छुड़ाकर वह 1737 में नागपुर ले आया।[3] रघुजी भोंसले ने अकबरशाह और बुरहानशाह दोनों को नागपुर के किले में संयुक्त रूप से देवगढ़ राज्य की गद्दी पर बिठाया। राजमाता रतनकुँवर से राज्य का काम देखने और दीवान रघुनाथसिंह को रतनकुँवर की सहायता करने के लिए कहा।

देवगढ़ की सन्धि

माघ सुदी 5 संवत 1795 (1738 ईस्वी) को राजमाता और रघुजी भोंसले के बीच सन्धि हुई। इस सन्धि के अनुसार रतनकुँवर ने रघुजी भोंसले को अपना तीसरा बेटा मानकर उसे देवगढ़ राज्य का तीसरा हिस्सा दिया।

- पावनी, पलान्दुर, मारुद मुलताई और बरघाट रघुजी को दे दिए गए।
- रघुजी को दस लाख रुपए युद्ध के खर्च के रूप में दिए गए।
- इस बात पर भी सहमति हुई कि रघुजी से बिना पूछे रानी रतनकुँवर किसी अन्य शक्ति से सन्धि नहीं करेगी। यह सन्धि संवत 1795 यानी 1738 ईस्वी में हुई।[4]

इसके बाद देवगढ़ के शासक भोंसलें के अधीनस्थ हो गए। केवल कुछ इलाका उनके पास बना रहा। रघुजी द्वारा हीर जोशी को जारी की गई[5] 1738 की सनद इस बात को प्रकट करती है कि 1738 से रघुजी नागपुर का स्वतंत्र प्रशासक हो गया।

बुरहानशाह और अकबरशाह

1738 में बुरहानशाह और अकबरशाह को नागपुर में संयुक्त रूप से देवगढ़ राज्य की गद्दी पर बिठाया गया और रघुनाथसिंह देवगढ़ के राजा का दीवान बना रहा। बुरहानशाह और अकबरशाह के द्वारा मुहम्मद खान के नाम पर संयुक्त रूप से जारी की गई और रघुनाथसिंह द्वारा दीवान के रूप में दस्तखत की गई 5 जुलाई 1739 की सनद उपलब्ध है।[6] दोनों भाइयों ने मिलकर देवगढ़ राज्य के अपने हिस्से का शासन तीन-चार साल तक किया।

इसके बाद दोनों में विवाद पैदा हो गया और बुरहानशाह ने अकबरशाह के खिलाफ रघुजी से सहायता माँगी। रघुजी ने बुरहानशाह की सहायता की और अकबरशाह और बुरहानशाह के बीच 1740 में ब्रह्मपुरी में लड़ाई हुई[7] जिसमें अकबरशाह पराजित हुआ। पराजित होने के बाद अकबरशाह एलिचपुर के आसफजाह के पास सहायता के लिए गया[8] और वहाँ से वह हैदराबाद निजाम[9] के पास गया। दुर्भाग्य से उसे वहाँ संवत 1799 यानी 1742 ईस्वी में जहर देकर मार डाला गया। कहा जाता है कि रघुजी के द्वारा उसे जहर दिलवाया गया। किन्तु इसका कोई ऐतिहासिक प्रमाण नहीं है। अकबरशाह की मृत्यु से बुरहानशाह प्रसन्न हुआ और उसने देवगढ़ राज्य का अकबरशाहवाला हिस्सा रघुजी भोंसले को दे दिया।[10] 1741 में रघुजी ने खुद को नागपुर में स्थायी रूप से जमा लिया।[11] 1743 ईस्वी में रघुजी भोंसले ने नागपुर का शासन और फिर देवगढ़ तथा सिवनी का शासन अपने हाथ में ले लिया। इसी साल बख्तबुलन्द के समय के सिवनी के प्रख्यात दीवान राज खान की मृत्यु हुई। उसकी कब्र सानगढ़ी के किले में है।[12]

यहाँ यह उल्लेखनीय है कि जब रघुजी भोंसले देवगढ़ राज्य के इलाकों पर अधिकार जमा रहा था तब उसका प्रतिद्वन्द्वी पेशवा बालाजी बाजीराव अपने पाँव देवगढ़ राज्य के इलाके के उत्तर-पश्चिम में स्थित हंडिया की मुगल सरकार और उसके दक्षिण में स्थित मकड़ाई रियासत पर आँख लगाए था। 1742 में बंगाल अभियान पर गंजाल नदी के पश्चिम की ओर से जाते हुए बालाजी बाजीराव ने

हंडिया से मुगल अधिकारियों को खदेड़ दिया और भुस्कुटे परिवार के नारू और रामचन्द्र को हंडिया का आमिल नियुक्त कर दिया। आगे चलकर 1750 में इन भाइयों ने मकड़ाई के राजा पर दबाव डाला कि वह एक सन्धि पर हस्ताक्षर करके अपना आधा इलाका पेशवा को दे दें। बाध्य होकर मकड़ाई के राजा को अपनी रियासत के आधे गाँव पेशवा को देने पड़े।[13] उस समय मकड़ाई का राजा धारशाह था, जिसने 1748 में मकड़ाई की गद्दी पर बलात् अधिकार कर लिया था।[14] इस बात की सम्भावना है कि देवगढ़ राज्य के इलाकों की ओर पेशवा के इस बढ़ते कदम के कारण रघुजी भोंसले ने देवगढ़ राज्य को अधिकृत करने में देर न की।

रघुनाथसिंह का अन्त

1749 में रघुजी बंगाल के अपने चौथे अभियान में गया। वहाँ उसे खबर मिली कि बुरहानशाह के दीवान रघुनाथसिंह ने चान्दा के राजा नीलकंठशाह के साथ मिलकर चौथ देना बन्द कर दिया है और रघुजी के खिलाफ विद्रोह कर दिया है। यह सुनकर रघुजी अपने अभियान से लौटा और पाटनसावंगी के पास उसने रघुनाथसिंह को हराया, जिसमें रघुनाथसिंह मारा गया। इसके बाद रघुजी ने देवगढ़ के शासक बुरहानशाह को नागपुर के किले में नजरबन्द कर दिया।[15]

राज खान पठान का उत्तराधिकारी मोहम्मद खान सानगढ़ी में देवगढ़ के शासक के नाम पर 6 साल तक रहा। कहा जाता है कि रघुजी देवगढ़ के शासक के प्रति मुहम्मद खान की स्वामीभक्ति और निष्ठा पर प्रसन्न हुआ और पेशकश की कि यदि वह सानगढ़ी छोड़ देता है तो उसे सिवनी जिला दे दिया जाएगा। मुहम्मद खान सहमत हो गया और वह छपारा चला गया, जहाँ से वह दीवान की पदवी के साथ सिवनी का प्रशासन सम्हालता रहा। कहा जाता है कि 1759 में जब उसका निधन हुआ तब सिवनी की आबादी काफी थी और वहाँ अच्छी खेती होती थी।[16]

देवगढ़ राज्य भोंसले के कब्जे में

अकबरशाह, बुरहानशाह और रघुजी भोंसले के बीच 1738 में जो सन्धि हुई थी। उसकी इबारत से स्पष्ट पता चलता है कि अकबरशाह और बुरहानशाह को प्रभुसत्ता से वंचित कर दिया गया था और वे भोंसले राजाओं के करद हो गए थे।

1742 में अकबरशाह के निधन के बाद राज्य का एक तिहाई हिस्सा जो अकबरशाह का था उसे रघुजी भोंसले ने अधिकृत कर लिया और केवल एक तिहाई हिस्सा बुरहानशाह के पास बाकी रहा। काले का कहना है कि इसके बाद रघुजी भोंसले ने देवगढ़ के गोंड राज्य को कब्जे में कर लिया और 1751 में देवगढ़ के राजा सभी राजनीतिक शक्तियों से वंचित हो गया।[17]

राजे संस्थानिक

गोंड राजा बुरहानशाह का स्थायी निवास नागपुर हो गया किन्तु उनका सम्बन्ध देवगढ़ के किले से बना रहा। गोंड राजवंश के राजा मुसलमान हो गए थे किन्तु वे धार्मिक कार्यों के लिए देवगढ़ जाते थे और वहाँ देवी की पूजा करते थे और अपने बच्चों के मुंडन संस्कार भी करते थे। नागपुर के गोंड राजा स्वयं को देवगढ़ के 'संस्थानिक' कहते थे। जैसे नागपुर के भोंसले शासकों को वंश परम्परा से 'देउर के राजा' कहा जाता था। इसी प्रकार गोंड राजा को 'संस्थानिक' कहा जाता था। जब नागपुर के भोंसले राज्य को अंग्रेजों ने अपने अधिकार में ले लिया और भोंसले राजा को पेंशन दे दी तब नागपुर में पेंशन पानेवाले दो राजा हो गए—भोंसले राजा और गोंड राजा। इन दोनों में अन्तर करने के लिए अंग्रेजों ने गोंड राजा को 'राजे संस्थानिक' यानी संस्थानिक राजा कहना शुरू कर दिया। यह कहना ठीक नहीं कि अंग्रेजों ने पहले संस्थानिक कहना शुरू किया। गोंड राजा पहले से ही खुद को 'देवगढ़ के संस्थानिक' कहते थे और बाद में केवल 'संस्थानिक' कहने लगे।[18]

सन्दर्भ

1. वि.ए.ले.स., खंड एक, लेखांक 96, पृ. 174।
2. गुप्ते, *नागपुरकर भोंसल्यांची बखर*, 1963, पृ. 47-49. या.मा. काले, *नागपुर प्रान्ताचा इतिहास*, 1934, पृ. 48, 49, 71।
3. वि.ए.ले.स., खंड एक, लेखांक 96, पृ. 174।
4. गुप्ते, *नागपुरकर भोंसल्यांची बखर*, पृ. 47, 48, 49, काले, पृ. 48, 49 और 71।
5. वि.ए.ले.स., खंड एक, लेखांक 97, पृ. 17।
6. वही, लेखांक 18, पृ. 38।
7. वही, लेखांक 96 पृ. 174।

8. गुप्ते, *नागपुरकर भोंसल्यांची बखर*, 1963, पृ. 50।
9. काले, *नागपुर प्रान्ताचा इतिहास*, 1934, पृ. 30।
10. गुप्ते, पृ. 53, 54. काले, पृ. 54।
11. वि.ए.ले.स., खंड एक, लेखांक 96 पृ. 174।
12. एम.बी. भोज, *रघुजी भोंसल्यांची देवगढ़वर स्वारी*, 1979, पृ. 26।
13. होशंगाबाद सेटलमेन्ट रिपोर्ट, 1867, पृ. 28।
14. मकड़ाई महातम, पृ. 12।
15. काले, *नागपुर प्रान्ताचा इतिहास*, 1934, पृ. 98, 99, राजुरकर, *चन्द्रपुरचा इतिहास*, 1956, पृ. 161, गुप्ते, पृ. 57, 58।
16. सिवनी डिस्ट्रिक्ट गैजेटियर, रसेल, 1907, पृ. 30।
17. काले, पृ. 74।
18. अन्धारे, पृ. 98-99।

प्रशासन

देवगढ़ राज्य के प्रशासन के बारे में कोई समकालीन जानकारी नहीं मिलती लेकिन उस इलाके पर अंगरेजों का अधिकार हो जाने के बाद जब नया बन्दोबस्त किया जाने लगा, तब अंग्रेज बन्दोबस्त अधिकारियों ने अंग्रेजों के पहले की शासन प्रणाली के अवशेषों और स्थानीय जानकारी के आधार पर देवगढ़ राज्य के प्रशासन का कुछ चित्र प्रस्तुत करने का प्रयास किया है।

ताल्लुका

पहली बात है ताल्लुकेदारी प्रथा के बारे में। तालुकेदारी प्रथा का उल्लेख प्रारम्भिक ब्रिटिश बन्दोबस्त अधिकारियों ने किया है। विल्स का कहना है कि किसी भी बन्दोबस्त अधिकारी ने यह अनुभव नहीं किया कि ये ताल्लुका सिर्फ बड़ी सामन्ती रियासतों के अनुविभाग हैं। यह तो पता था कि वे एक जागीरदार के अन्तर्गत थे लेकिन स्पष्ट रूप से यह पता नहीं था कि ये ताल्लुका उसी केन्द्रीय सिद्धान्त के सामन्ती रियासत के भीतर काम करते थे, जिनसे ये रियासतें खुद अस्तित्व में आईं। अपनी बात की पुष्टि के लिए विल्स सतपुड़ा के इलाके में छिन्दवाड़ा जिले की विख्यात हर्रई जागीरदारी की सामन्ती रियासत का उदाहरण देते हैं, जो कि ताल्लुकों में विभाजित थी। वे कहते हैं कि हर्रई के सम्बन्ध में कई दस्तावेज छिन्दवाड़ा के कोर्ट ऑफ वार्ड्स ऑफिस में हैं। उनमें से एक लम्बा रूबकार या आदेश 18 नवम्बर 1829 का है जो कैप्टन मान्टगुमरी, अधीक्षक के जरिए देवगढ़ जिले की सदर निजामत अदालत द्वारा जारी किया गया था। इस पुरानी जागीरदारी की आन्तरिक संरचना का विवरण दिय्या गया है। 100 साल पहले यह तीन इलाकों में विभाजित थी। जिसमें से पहले में 4 ताल्लुका और दूसरे में 20 और तीसरे में 22 ताल्लुका थे। ऐसा

लिखा है कि नागपुर का भोंसले राजा इन इलाकों को मिलाकर एक जागीर मानता था और हर्राई जागीरदार उसका मालिक समझा जाता था। और तीन इलाकों 26 ताल्लुकों का स्वामित्व ठाकुर जसवन्त शाह के पास था। और उसे 500 रुपया खर्च के लिए मिलता था। लगान के रूप में तीन सेर चिरोंजी और दस सेर शहद देना तय हुआ। हर्राई जागीरदार को 'मुख्य पूर्वज' कहे जाने से इसके कबीलाई चरित्र का संकेत मिलता है जो उसकी सामन्ती हैसियत और उसके द्वारा दिए जा रहे नाममात्र के कर से स्पष्ट होती है। रूबकार के ज्यादातर हिस्से में परिवार के बहुत से रिश्तेदारों के अधिकारों को परिभाषित किया गया है। जिनकी शैतानियों और कानून विरोधी कामों के लिए मुख्य पूर्वज जिम्मेदार था। इलाका सोनपुर अपने दो तालुकों के साथ पहले उल्लिखित चैनशाह के बेटे ठाकुर सोनशाह के पास गया और इलाका परताबगढ़ अपने 20 ताल्लुकों के साथ ठाकुर रणजीतशाह को गया। किन्तु इलाका परताबगढ के भीतर भी परिवार के सदस्यों के लिए इन्तजाम किया गया था। ताल्लुका चावलपानी को, जिसमें 12 गाँव थे, ठाकुर आनन्दशाह के बेटे दौलतशाह को दिया गया; 8 गाँव का ताल्लुका बुदी ठाकुर भावसिंह के बेटे सुमेरशाह को दिया गया। इस प्रकार पाँच ताल्लुक रिश्तेदारों को सौंप दिए गए किन्तु इसके बाद अन्य 5 ताल्लुक अन्य गोंडों को मोकासा टेन्योर में दिए गए और परताबगढ़ का बाकी इलाका, जो ताल्लुकों में विभाजित किया गया है और जिनमें नाम दिए गए हैं, उसके बारे में कहा गया है कि वह ठाकुर रणजीतसिंह के अधिकार क्षेत्र में ही हैं। ये विवरण उन पारम्परिक अधिकारों की जटिलता का कुछ उदाहरण देते हैं जो एक जागीरदारी (चीफशिप) की सीमाओं के भीतर विकसित हुए। किन्तु इन सभी जटिलताओं के बीच यह साफ है कि आदर्श स्वरूप यह था कि समग्र अधिपति (chiefship) के ऊपर एक अधिपति या सरदार (chief) हो और उसके अधीन कई ठाकुर ताल्लुकों के प्रभारी हों।[1]

ताल्लुकेदार की जिम्मेदारियाँ

ताल्लुका के स्वामी यानी ताल्लुकेदार की क्या जिम्मेदारियाँ और क्या अधिकार थे इसके बारे में देवगढ़ के गोंड राज्य के समय छिन्दवाड़ा जिले के इलाके के छोटे ठाकुरों की स्थिति सर आर. जेन्किन्स के 28 मई 1823 के पत्र में बताई गई है। उसमें लिखा—"ऐसा लगता है कि पहाड़ी इलाके के ठाकुर अपनी सीमा के भीतर

छोटे-मोटे अपराधों की खोज-खबर रखते हैं। और उनका विश्वास है कि उन्हें उस सीमा के भीतर रहनेवाले लोगों पर जुर्माना लगाने और उनकी सम्पत्ति जब्त करने का अधिकार है। तदनुसार उनके स्वीकार किए जाने के लिए एक शर्तनामा का प्रपत्र बनाया गया था, जिसमें नीचे लिखी शर्तें शामिल थीं—"मैं अपने ताल्लुका से होकर जानेवाले यात्रियों और व्यापारियों को बाधा नहीं पहुँचाऊँगा और हमेशा उनकी सहायता करूँगा और उनकी रक्षा करूँगा। यदि वे मेरे ताल्लुका के भीतर लूटे जाते हैं तो इसके लिए मैं जिम्मेदार रहूँगा...। सरकार को बताए बिना मैं किसी व्यक्ति को न तो मृत्यु दंड दूँगा और न ही अंग-भंग करूँगा, न उसकी जिन्दगी या अंग को खतरे में डालूँगा और न किसी व्यक्ति को ज्यादा दिनों तक बन्दी रखूँगा। मेरे ताल्लुका की रैयत में गाली-गलौज, मारपीट, चोरी आदि के लिए दंड देश के रिवाज के अनुसार दिया जाएगा।...मैं अपने और अन्य ठाकुरों के बीच के सभी विवादों को सरकार के निर्णय के लिए पेश करूँगा और उसके आदेश के बिना किसी प्रकार की हिंसा नहीं करूँगा।" इससे यह स्पष्ट है कि ठाकुर देशी प्रणाली में अपने छोटे-से ताल्लुका में काफी अधिकार रखता था। जब तक वह अपने स्वामी से सम्बन्ध अच्छे रखता था और अपने साथी ठाकुरों के विरुद्ध अपनी स्थिति बनाए रखता था, तब तक उसकी स्थिति स्थानीय अल्पसंख्यक कबीले के मुखिया के रूप में, स्थानीय सैनिकों के कप्तान के और हर्रई के राजा की और अन्त में देवगढ़ के महाराजा के सत्ता के प्रतिनिधि के रूप में बहुत मजबूत रहती थी।[2]

देवगढ़ के प्रशासन के बारे में जेन्किन्स की रिपोर्ट हमारी जानकारी का मुख्य आधार है। जेन्किन्स लिखता है, "दोनों प्रान्तों (देवगढ़ और चान्दा) में गोंड शासन के बुनियादी सिद्धान्त एक से थे। पहले, राजा कई छोटे सरदारों, उसके रिश्तेदारों या आश्रितों का अधिपति से कुछ ज्यादा ही था। ये छोटे सरदार और उसके रिश्तेदार या आश्रित उस अधिपति को अपनी सैनिक सेवाएँ देते थे। राजाओं के पास उनके सामन्तों के समान एक प्रदेश होता था और केवल उस पर वे अपनी सीधी सत्ता का उपयोग करते थे।[3]

वंशानुगत कर्मचारी

किन्तु जब हम कुछ पृष्ठ आगे देवगढ़ और चान्दा की भू-राजस्व व्यवस्था के बारे में जेन्किन्स के विवरण को देखते हैं तो हमें एक अलग कहानी मिलती है

"...ऐसा लगता है कि सारा प्रदेश परगनों में विभाजित था जिसमें अनिश्चित संख्या के गाँव होते थे...हर परगने से गोंड शासन के समय जमींदार के कर्मचारी देशमुख और देशपांडे होते थे।" मराठों ने जल्दी ही उन्हें हटा दिया और केवल एक सामान्य मैनेजर रखा, जिसका नाम हुदार से बदलकर उन्होंने कमाविजदार कर दिया। सरकारी लेखे का हिसाब रखनेवाला जो मुहर्रिर कहलाता था, उसे मराठों के समय फड़नवीस कहा जाने लगा और गाँव के हिसाब-किताब का लेखा-जोखा रखनेवाला वरारपांडे कहा जाने लगा। "वरारपांडे ऐसा अधिकारी था जिसके सहायक सारे इलाके में रहते थे और वास्तविक खेती की स्थिति के लगान का और जमीन के अधिकार और लगान का लेखा-जोखा रखते थे। यह पद गोंडों के अन्तर्गत था और मराठों के समय भी जारी रहा। गोंड राजाओं के अन्तर्गत का पद प्रीति, मराठों के अन्तर्गत के फड़नवीस के बराबर था।[4] मराठों के समय सामन्ती सरदार नहीं रहे और उनका स्थान देशमुख, देशपांडे, हुदार और प्रीति नामक वंशानुगत और स्थायी अधिकारियों ने ले लिया, जो पूरे इलाके में फैले हुए थे।

जेन्किन्स के विवरण की सत्यता का जहाँ तक सवाल है वह देवगढ़ राज्य के एक सीमित इलाके पर लागू होता था। जेन्किन्स[5] खुद बताता है कि "बैनगंगा जिला का ज्यादातर हिस्सा जिसमें बैनगंगा नदी के पूर्व का इलाका, मराठा विजय के समय कई छोटे गोंड जमींदारों को दिया गया था, जो आपस में लड़ते रहते थे या अपने नाममात्र के अधिपति के खिलाफ, चाहे वह मंडला का हो, देवगढ़ का हो या चान्दा का हो, विद्रोहरत रहते थे।" स्पष्ट है कि यहाँ जमींदार का मतलब स्थानीय सरदार था न कि स्थानीय अधिकारी और नागपुर के 40 मील पूर्व में हमें पुरानी अर्द्ध-सामन्ती प्रणाली दिखती है।

बैनगंगा के पश्चिम में हमें गोंडों के पुराने पठान जागीरदार के बारे में 1801 का यह विवरण मिलता है—"यह सरदार अपनी जागीर में बसे पठानों के कई कबीलों का मुखिया है। यह भव्य सामन्ती रियासत का मालिक है और यूरोप के सामन्त दिनों के प्राचीन अमीर के समान अपने स्वामी को सैनिक सेवा प्रदान करता है। उसे हाल ही में राजा के नियमित सैनिकों के खतरनाक विद्रोह को दबाने में सहायता करने के लिए नागपुर आने का आमंत्रण मिला है और कुछ माह पहले ही उसे भोंसले को संकट से मुक्त करने के उपलक्ष्य में तीन लाख रुपए प्राप्त हुए थे।[6] राजगोंड राज्य के समय इसका मुख्यालय नागपुर के

उत्तर-पश्चिम में डोंगरताल में था।...किन्तु छिन्दवाड़ा में देशमुख और देशपांडे अज्ञात थे, जैसे गढ़ा-मंडला में अज्ञात थे। इसके विपरीत ऐसी जानकारी है कि छिन्दवाड़ा जिले में सौ साल पहले "ढेर सारे गोंड छोटे ठाकुर और सरदार थे।"[7] जबकि यहाँ पुरानी राजगोंड अर्द्ध सामन्ती प्रणाली के आश्चर्यजनक अवशेष मिलते हैं।

इसमें सन्देह नहीं कि हुदार, देशमुख, देशपांडे आदि के जरिए केन्द्रीय प्रशासन की प्रणाली गोंडों की नहीं थी। सम्भवतः यह उस इलाके में थी जो बख्तबुलन्द के अधीन थी। यह बात निश्चित है कि यह प्रणाली बरार के इलाके के पास थी, जहाँ इसे काफी पहले तब लागू किया गया था जब ये इलाके, जैसे बरार, हिन्दू शासकों द्वारा शासित किए जा रहे थे। जब देवगढ़ ने मैदानी इलाके पर अधिकार किया तो यह प्रणाली उन्होंने अपना ली।[8] सर अल्फ्रेड लायल बरार* गै कहते हैं, "वंशानुगत देशमुख और देशपांडे वर्धा के पार बैनगंगा नदी के पूर्व तक अभी भी विद्यमान हैं और वे वहाँ अनन्त काल से रहे हैं। ये पद कभी-कभी मुस्लिम दल के कहे जाते हैं, किन्तु यह निश्चित है कि वे जहाँ आदिवासी सरदार लगातार आजाद रहे हैं वहाँ ये नहीं थे, जबकि मराठा सदैव इनसे मुक्ति पाने की कोशिश करते रहे हैं।"

नौ जागीरें

सी.जे. इरविन द्वारा 1913-17 में छिन्दवाड़ा जिले का जो फिर से बन्दोबस्त किया गया था, उसकी अन्तिम रपट में कहा गया है कि "नौ जागीरें दुर्गम इलाके में स्थित हैं और इस शर्त पर दी गई हैं कि वे पहाड़ी इलाके में शान्ति रखने के लिए लूटमार रोकेंगे और जरूरत पड़ने पर लोगों की सेवाएँ उपलब्ध कराके तथा खुद सेवा देकर देवगढ़ के राजा की सहायता करेंगे।"[9] इनके नाम इस प्रकार दिए गए हैं[10]—

* गेजेटियर 1870, पृ. 114

क्रमांक	जागीर का नाम	गाँव	मुख्यालय
1.	अलमोद	21	जामुनढूँगा—परताबगढ़ रियासत के पास
2.	बरियामपगारा		ज्यादातर जागीर होशंगाबाद जिले में हैं सिर्फ दो गाँव छिन्दवाड़ा जिले में हैं।
3.	बटकागढ़	9	खापा
4.	भरदागढ़	31	टेकढाना या पाँजरा
5.	गोरखघाट	5	छबादा
6.	गौरपानी	10	गौरपानी
7.	हर्रई	12	हर्रई
8.	पचमढ़ी	53	मयावदा
9.	परताबगढ़पगारा	160	मोतुर
10.	सोनपुर	61	सदरा-डप्तर मनोरी निवास बम्हनी

सिक्के

देवगढ़ राज्य के शासकों में से कुछ शासकों के सिक्के मिले हैं और ये सिक्के देवगढ़ की टकसाल से जारी किए गए थे। सबसे अधिक सिक्के कोकशाह के मिले हैं। कोकशाह के ताम्बे के 19 सिक्कों की जानकारी मिली है। उनमें जो इबारत लिखी है उसमें कोकशाह को शिवभक्त जाटबा का बेटा बताया गया है और सिक्का देवगढ़ से जारी किया गया है।[11] नागपुर के केन्द्रीय संग्रहालय में चार ताम्बे सिक्के मिलने का उल्लेख है जिनके दोनों तरफ नागरी लिपि में कोकशाह लिखा है।[12]

वेलणकर, कोकशाह के एक सिक्के का उल्लेख करते हैं जो उन्हें छिन्दवाड़ा के ट्राइबल रिसर्च इन्स्टीट्यूट में मिला था।[13] अन्धारे उल्लेख करते हैं कि अस्त्रीनाश रामटेके के पास कोकशाह के दो सिक्के हैं और एक चाँदी का सिक्का है। इसके अलावा वे चाँद सुल्तान के समय के एक सिक्के का उल्लेख करते हैं जिसमें मुगल बादशाह मुहम्मदशाह का नाम है।[14]

इसके अलावा जाटबा द्वितीय उर्फ केसरीशाह के एक सिक्के का भी उल्लेख मिलता है।[15] छिन्दवाड़ा के 80 वर्षीय श्री जयरामपन्त हुदार के पास के चार सिक्कों में से एक में फारसी अक्षर होने के कारण इसे कोकशाह द्वितीय उर्फ गोरखशाह का मान लिया गया है[16] जो गलत है। एक और सिक्का मिला है

जिसमें जाटबासुत महाराजा मदन का उल्लेख है। यह पता नहीं लगता कि यह मदन नामक शासक कब देवगढ़ में सत्तारूढ़ था।[17]

सन्दर्भ

1. विल्स, पृष्ठ 187-90।
2. *निकोल्स लॉ ऑफ द सेन्ट्रल प्रोविन्सेज,* पृष्ठ 31-32, विल्स, पृष्ठ 190-91 में उल्लिखित।
3. जेन्किन्स, रिपोर्ट, 1827, स.पृ. 63।
4. वही, पृ. 71 और 67. विल्स, पृ. 196।
5. वही, पृ. 88।
6. *लाइफ ऑफ कोलब्रुक,* पृ. 449-50।
7. *निकोल्स ला ऑफ द सेन्ट्रल प्राविन्सेज,* पृ. 43।
8. विल्स, पृ. 199।
9. वेलणकर, पृ. 170।
10. *भगवतीप्रसाद शुक्ल, छिन्दवाड़ा छबि,* 1931, पृ. 41।
11. पी.पी. कुलकर्णी और आर.आर. भार्गव, *न्यूमिस्मेटिक डायजेस्ट,* जिल्द आठ, जून और दिसम्बर 1984, भाग एक और दो, पृष्ठ 89-101।
12. मिराशी, *संशोधन मुक्तावलि,* सर तिसरा, 1958, पेज 213-214।
13. वेलणकर, पृ. 208।
14. अन्धारे, *देवगडचे गोंड राजे,* 2004, पृ 97।
15. आर.आर. भार्गव, *न्यूमिस्मेटिक डाइजेस्ट,* जिल्द 15, 1991, पृ. 119-123।
16. वेलणकर, पृ. 212।
17. आर.आर. भार्गव पेज 119-123, *न्यूमिस्मेटिक डाइजेस्ट,* जिल्द 15, 1991।

राज्य विस्तार और किले

आइन-ए-अकबरी में खेरला सरकार

आइन-ए-अकबरी में देवगढ़ का राज्य मालवा सूबे के गढ़ा सरकार के कई परगनों में से एक था, जिसकी आय 909000 दाम यानी 22,725 रुपए सालाना थी। आइन-ए-अकबरी में बरार सूबा के विवरण में खेरला सरकार के 35 परगनों में से 22 परगनों से प्राप्त होनेवाली आय नहीं दी गई है। इन परगनों के नाम इस प्रकार हैं—मालोई, मानगह, सेवाह, जामखेर, बेलवाली, सिराई, चखली, खावर, वालदाह, मुलताई, दुरगाह, नारंगवारी, मालाबिल, बारी, वैगाँव, देवथाना, बारी, सलोई, रामजोक, जनाबक, जोमार और हबियापुर। खेरला सरकार के जिन 13 परगनों की आय आइन-ए-अकबरी में दर्शाई गई है, वे हैं—अटनेर, आष्टा और पाटन, भैंसदेही, वरूर, मसोद और पावनी, खेरला, सातनेर और अठनेर, साईंखेड़ा, जरूर और मंडवी।[1] बिना आय वाले 22 परगनों में से केवल मुलताई ही पहचाना जा सकता है। जबकि आयवाले 13 परगनों के 13 स्थान अभी भी बैतूल जिले के दक्षिणी भाग के और अमरावती जिले के उत्तर-पूर्व भाग के जाने-माने गाँव हैं।

देवगढ़ राज्य की सीमा

ऐसा लगता है कि जिन 22 परगनों की आय आइन-ए-अकबरी में नहीं दी गई है, वे परगने जाटबा और कुछ अन्य जमींदारों के अधिकार में थे। असल में 1590 के बाद देवगढ़ राज्य ने तेजी से विकास किया और उसका उसके पूर्व स्वामी गढ़ा राज्य से कोई सम्बन्ध नहीं रहा। इस अनुमान को इस बात से बल मिलता है कि अब देवगढ़ बरार सूबा की एक अलग सरकार के रूप में आ गया। खेरला सरकार के इन परगनों के आधार पर हम बरार और देवगढ़ के

बीच की सीमा का साफ अन्दाजा लगा सकते हैं। यह जरूर है कि बाद की तारीखों में कुछ उतार-चढ़ाव हुए। जैसे कि, हमने देखा कि 1655 में शहजादा औरंगजेब ने देवगढ़ के राजा को मजबूर किया था कि वह खेरला के थानेदार को कुछ परगने सौंप दे। यह भी हमने देखा कि देवगढ़ के राजा को जागीर में आटनेर का परगना दिया गया था। किन्तु ज्यादातर समय सीमा पूरी 17वीं सदी में करीब-करीब एक-सी रही और यह लगभग बैतूल और काटोल के बीच की रेल लाइन के साथ चल रही थी।[2]

नागपुर के पड़ोस में बरार और देवगढ़ के बीच की सीमा 1735 में दियानत खान के उद्धरण में दी गई एक टीका से तय की जा सकती है। केलझर के बारे में वह लिखता है, ''नागपुर यहाँ से 7 कोस (28 मील) है। नागपुर सीमा यहाँ से 5 कोस (20 मील अर्थात् 32 किलोमीटर) है। इसलिए सीमा नागपुर के 8 मील दक्षिण पश्चिम से जाती थी और अनुमानतः दक्षिण-पूर्व की दिशा में जाते हुए यह चान्दा के पड़ोस में पहुँचती थी। चान्दा और देवगढ़ की सीमारेखा समान थीं। बरार की सीमा का नागपुर के पास होना हमेशा परेशानी का सबब था। इसलिए हम देखते हैं कि 1637 में आष्टा और केलझर पर गोंडों ने अधिकार कर लिया और हम देखते हैं कि एक सौ साल बाद पूरी पवनार सरकार (वर्धा शहर से 4 मील अर्थात् 7 किलोमीटर) बीस साल तक चाँद सुल्तान के अनुयायियों के कब्जे में रहा।[3]

चान्दा की ओर देवगढ़ की सीमा का कोई लेखा-जोखा नहीं है। यह बात पक्की है कि यह प्रतिद्वन्द्वियों की ताकत या कमजोरी के अनुसार बदलती रही। सम्भावना यह है कि यह चान्दा जिले की मौजूदा उस सीमा के अनुरूप थी, जहाँ यह नागपुर और भंडारा जिलों को छूती है और फिर लांजी की तरफ उत्तर की ओर मुड़ जाती है। लांजी से यह सीमा रेखा उत्तर की ओर जाती है और डोंगरताल, चौरई, सिवनी और घन्सोर को समेटकर चलती है। चौरागढ़ का किला जो कि मुगलों के पास था, देवगढ़ से 70 मील था और वह उत्तर की ओर विस्तार होने में एक बाधा था। किन्तु उत्तर-पश्चिम की ओर एक रास्ता था। 1695 की एक सनद बताती है कि होशंगाबाद के फतेहपुर के राजा के पास बख्तबुलन्द से कुछ इलाका मिला हुआ था। यह भी परम्परा है कि बैतूल जिले के एकदम उत्तर-पश्चिम में सावलीगढ़ देवगढ़ के अधीन था। इसलिए देवगढ़ के राजा की सत्ता केवल उस इलाके तक नहीं थी जो आधुनिक छिन्दवाड़ा जागीरों में आता है, बल्कि बैतूल जिले के उत्तरी अर्द्धांश तक थी और होशंगाबाद जिले के पूर्वी हिस्से में नर्मदा तक थी।

दिनायत खान की टीका से इस बात की पुष्टि होती है कि सूबा मालवा की हंडिया सरकार के पश्चिम में देवगढ़ का परगना था। देवगढ़ की सीमाएँ तुलनात्मक रूप से स्थायी थीं। अपने पूरे इतिहास में यह न्यूनाधिक रूप से मुगल नियंत्रण में रहा और इसलिए उसकी सीमाएँ मुगल जिलों के सम्पर्क में आने वाले हर बिन्दु पर परिभाषित थीं। अपनी सीमा के चरम विस्तार में देवगढ़ के राज्य में पूरा छिन्दवाड़ा, नागपुर, भंडारा और सिवनी के पूरे जिले और बालाघाट, बैतूल और होशंगाबाद जिले का आधा हिस्सा था। तदनुसार यह राज्य उत्तर में नर्मदा तक, पूर्व में सिवनी और लांजी तक, दक्षिण में चान्दा की सीमा तक और पश्चिम में बरार की सीमा तक विस्तृत था।[4]

देवगढ़ कस्बा[5]

देवगढ़ छिन्दवाड़ा से दक्षिण-पश्चिम की ओर 38 किलोमीटर और नागपुर मार्ग पर स्थित उमरनाला से लगभग 29 किलोमीटर दूर है। सबसे पास की सड़क छिन्दवाड़ा-मोहखेड़ सड़क है। मोहखेड़ से देवगढ़ 18 किलोमीटर दूर है। यहाँ से जीप से लोहांगीग्राम होकर देवगढ़ जाया जा सकता है।

मोहखेड़ गाँव के बाबूशास्त्री वरहे के पास पांडुलिपि में देवगढ़ का वर्णन दिया गया है। ये सखाराम भट्ट के परपोते हैं। सखाराम का पोता गजानन शास्त्री गोंड राजा के दरबार में नियुक्त था और देवगढ़ में ही रहता था। देवगढ़ कस्बा देवगढ़ के किले की तलहटी में तीन तरफ बसा है। उत्तर में कालकोट चौकी है जहाँ घुड़सवारों और पैदल सैनिकों के आवास बने हैं। सेना गोविन्दपेठ में रहती थी। कालकोट चौकी से पर्वत श्रेणी उत्तर-पूर्व में कुसुमघाट चौकी तक थी। देवगढ़ कस्बा किले और कुसुमघाट चौकी के बीच में फैला था। दक्षिण में स्थित जोबनी चौकी से पश्चिम की सूर्यकुंड चौकी तक पहाड़ है। देवगढ़ कस्बे के चारों ओर ऊँचे पहाड़ थे। चौकियों से होकर ही रास्ता जाता था और इनकी रक्षा चौकियाँ करती थीं। देवगढ़ कस्बे के आस-पास के पहाड पर शंकरपुर गाँव था। इसके आगे बारधा गाँव था जहाँ अम्बा का मन्दिर था। इसके आगे शक्करझिरी का कस्बा था।

किले की तलहटी में एक पक्का तालाब है जिसके तीनों ओर पहाड़ हैं एक तरफ इमारत के खंडहर है, जिसे कस्बिन महल कहा जाता है। गंगा नदी के किनारे ब्राह्मणपुरी थी जहाँ कई मन्दिर थे। गंगा नदी के कुछ दक्षिण में और सरोवर के

पूर्व में गणपति का मन्दिर है जिसके सामने शिव मन्दिर हैं। गणपति के मन्दिर की पूजा का जिम्मा पांडुलिपि के लेखक के परिवार का था और यह रोडबाजी वरहे से सखाराम भट्ट वरहे तक और फिर नारायण भट्ट और फिर चौथी पीढ़ी के गजानन शास्त्री (पांडुलिपि के लेखक) तक चला। इस परिवार को छिन्दवाड़ा तहसील में राजुरा गाँव में लगान मुक्त जमीन मिली थी। गणपति मन्दिर के आगे किलापुरा है जहाँ हनुमान मन्दिर है। यहाँ से किले की चढ़ाई शुरू होती है। किलापुरा के पास बनियापुरी थी। यहाँ तालाब है। किले के दक्षिण-पश्चिम में शाही परिवार का श्मशान है जहाँ कई मकबरे और एक मस्जिद अच्छी हालत में हैं। नाले और देवगंगा के संगम पर अम्बा भवानी का मन्दिर है। गणेश और शिवलिंग भी हैं। आज भी चैत्र पूर्णिमा को यहाँ मेला लगता है।

जाटबा ने किले की तलहटी पर उत्तर की ओर विजयपुरा बसाया था। बख्तबुलन्द ने नदी के उस पार जयन्तपुरा बसाया था। बाद में इसे पठानपुरा कहा जाने लगा क्योंकि यहाँ मुस्लिम रहने लगे। देवगंगा, देवगढ़ आते-आते बड़ी नदी बन जाती है और यह पठानपुरा के पास से होकर बहती है। इसके पास भांडपुरा था और आज भी यहाँ के कुएँ को भांड कुआँ कहा जाता है। कालकोट चौकी से आनेवाला रास्ता शहर का मुख्य रास्ता है। इस रास्ते पर ही विजयपुरा और चोर बावली हैं जिसे दींदर शाह ने बनवाया था। पठानपुरा के कुएँ को अलीशा वलीशा बावली कहा जाता है क्योंकि इसे वलीशाह ने बनवाया था। यह भी काफी बड़ी है। चोर बावली से एक रास्ता कालकोट चौकी को और दूसरा गोविन्दवाडी या गोविन्दपेठ को जाता है। शहर का पतन राजधानी के नागपुर स्थानान्तरित होने के साथ ही शुरू हो गया।

आज इस कस्बे में सौ परिवार रहते हैं और कोई भी इमारत पिछले वैभव के अनुरूप नहीं दिखती। पर आज भी शहर में कई बावलियाँ और कुएँ हैं जो पिछली कहानी कहते हैं और उन्नत खेती के सिंचाई साधनों की ओर इशारा करते हैं। मेजर जे. आशबर्नर छिन्दवाड़ा का डिप्टी कमिश्नर 1865 में कहता है कि गोंड राजाओं की यह राजधानी किसी समय बहुत बड़ी और सम्पन्न थी।[6]

देवगढ़ का किला[7]

देवगढ़ किले का आकार गाय के खुर के समान है। मोहखेड़ के बाबू शास्त्री वरहे के पास की पांडुलिपि में किले का नक्शा दिया गया है। देवगढ़ के किले की चढ़ाई

बहुत सीधी या ऊँची नहीं है। यह छोटे पत्थरों और ईंटों से बना है। किला विशाल न होने पर भी अपनी सामरिक स्थिति के कारण अभेद्य माना जाता था। किले की ताकत उसकी प्राकृतिक स्थिति से है। किला समई के समान है—मध्य में ऊँचा और सीधा तथा बीच में सँकरा होते हुए ऊँचा होता शिखर। सभी दिशाओं में ऊँचे पर्वत हैं जो सुरक्षा की पहली पंक्ति के समान काम में आ सकते हैं। इन पहाड़ों के भीतर दो मील लम्बे मैदान हैं और बीच में एक छोटी पहाड़ी पर देवगढ़ का किला है जो दूर से ही, बल्कि दो मील पास आने पर ही दिखता है। बस्ती की तरफ से किले में प्रवेश करने पर पहले गणेश दरवाजा आता है। फिर दूसरा दरवाजा है। किले के आसपास 20 से 30 फुट ऊँची दीवार है, जिस पर जगह-जगह बुर्जियाँ बनी हैं, जिन पर पहले तोपें रखी जाती थीं।

आगे दाहिने तरफ घुड़साल हैं और आगे मोती तालाब है। यहाँ से एक रास्ता महलों की ओर और दूसरा दरबार हॉल की तरफ जाता है। रास्ते में तीन मंजिल का नगाड़खाना है। नगाड़खाना के सामने दरबार हॉल है। यहाँ महल दरवाजा है जिसके भीतर जाने पर गन्धी तालाब है और पास ही खजाने की इमारत है। पास ही दल बादल महल है। इसके पास ही एक पक्का सरोवर है और चारों ओर खुले बरामदे हैं। फिर आइना महल है जो अन्तःपुर के रूप में काम में आता था।

महल के पास चंडी बुर्ज नामक बुर्ज है जिसके पास एक मस्जिद है, जिसे शायद बख्तबुलन्द ने बनवाया होगा। मस्जिद के आगे एक दरवाजा है जहाँ से मोती तालाब जाते हैं। मटिया बुर्ज पूर्व की ओर है। देवगढ़ राजवंश के पतन के बाद किले की तोपें छिन्दवाड़ा चली गईं। नगाड़े छिन्दवाड़ा के राम मन्दिर में और रामटेक के राम मन्दिर में हैं और नौबत रामाकोना के विट्ठल मन्दिर में है।

नागपुर का गोंड किला

यह किला नागपुर के महाल इलाके में है। कल्याणेश्वर (नगारखाना) मन्दिर से कुछ दूर किले का एक प्रवेश द्वार है और फिर उसके बाद दूसरा प्रवेश द्वार है। इसके बाद किले का परिसर है। आज इसकी चार बुर्जों में से एक बुर्ज ही शेष है। उसके ऊपर पंच धातु की तोप है। किले में 60 फुट लम्बा एक बड़ा हॉल है जिसमें रहमानशाह और सुलेमानशाह के चित्र हैं। दरबार हॉल के सामने संगमरमर का हौज है। बाएँ हाथ की तरफ चाँद सुल्तान के ज्येष्ठ पुत्र मीरबहादुरशाह की कब्र है। इस किले के पश्चिम में बख्तबुलन्द द्वारा निर्मित शाही मस्जिद थी, जिसके

स्थान पर 1993 में नई मस्जिद बनाई गई। दरवाजे के सामने ताजिए रखने की जगह है और हाथी तथा घोड़े बाँधने के लिए भी खुली जगह है। किले के भीतर राजवाड़ा है जिसमें देवगढ़ के गोंड राजा के वंशज वीरेन्द्रशाह रहते हैं। किले में राजवंश के अनुरूप सजावट आज भी है। किले के उत्तर में अन्तोबा कलार का पुराना बाड़ा है। किले के सामने देवगढ़ राजवंश के सदस्यों की कब्र हैं। 1856 ईस्वी में जिन लोगों की कब्रें मौजूद थीं वे हैं—चाँद सुल्तान का बेटा राजा मीरबहादुर, भूरे साहब उर्फ सुलेमानशाह, फूलकुँवरबाई, शहाबुवर रानी, सुभानशाह, हीरामोती बाई और फतेहशाह। इनमें से अन्तिम तीन कब्रें नष्ट हो गई हैं और अब नहीं हैं।[8]

अम्बागढ़ किला

यह किला महाराष्ट्र के भंडारा जिले की तुमसर तहसील में सतपुड़ा पर्वत पर तुमसर से 14 किलोमीटर दूर है। इस पर्वत की तलहटी पर अम्बागढ़ नाम का आदिवासी गाँव है। इसे 1700 ईस्वी में देवगढ़ राज्य के सिवनी स्थित सूबेदार राज खान पठान ने बनवाया था। किले का क्षेत्रफल 47045 वर्गमीटर है। किले का परकोटा और बुर्ज आज भी मौजूद है। कुल दस बुर्ज हैं और हरेक में शत्रु पर गोलीबारी करने के लिए छेद हैं। किले के प्रवेश द्वार पर ही दो बड़े बुर्ज हैं जिनकी ऊँचाई 30 फुट और नीचे का व्यास 32 फुट तथा ऊपरी सिरे का व्यास 26 फुट हैं। पाँच बुर्जों पर तोपें थीं। प्रवेश करने के बाद सामने सैनिकों के कमरे हैं। किला दो मंजिला है और ऊपर की मंजिल 20 से 25 फुट ऊँची है उसमें दीवानखाना है और एक तलघर भी है जिसका फर्श संगमरमर का है। यहाँ चार नक्काशीदार मेहराबें हैं। नागपुर के भोंसलें के राज्यकाल में अम्बागढ़ के किले का उपयोग अपराधियों को कैद में रखने के लिए किया जाता था।[9]

सानगढ़ी का किला

सानगढ़ी महाराष्ट्र के भंडारा जिले के साकोली के दक्षिण में 9 मील दूर है। सानगढ़ नाम का गाँव किले से लगा हुआ है। इस किले का निर्माण बख्तबुलन्द के विश्वसनीय सरदार राज खान ने कराया था। किले की लम्बाई करीब 400 फुट और चौड़ाई 160 फुट है। किले के 7 बुर्जों में से 6 बुर्जियाँ और चहारदीवारी

धराशायी हो गई हैं। केवल एक बुर्ज और चहारदीवारी के कुछ भाग बाकी हैं। किले के प्रवेश द्वार के पश्चिम में राज खान पठान की कब्र है। उसका बेटा मुहम्मद खान 1743 तक सानगढ़ी का किलेदार था और राज खान अपने बुढ़ापे में अपने इस बेटे के साथ ही रहता था। किले में शिव मन्दिर, लक्ष्मीनारायण मन्दिर, विष्णु मन्दिर और मारुती तथा गणपति के मन्दिर हैं।[10]

डोंगरताल और परताबगढ़ के किले

डोंगरताल का किला नागपुर से उत्तर की ओर नागपुर से 93 किलोमीटर दूर है और नागपुर-जबलपुर मार्ग से 4 किलोमीटर हटकर उत्तर की तरफ है। किले में प्रवेश करने से पहले एक बावड़ी है जो 33 मीटर वर्ग आकार की है। परताबगढ़ का किला महाराष्ट्र के भंडारा जिले में अर्जुनी मोरगाँव के पास पूर्व की ओर 16 किलोमीटर दूर है। पास में एक पुरानी बावड़ी है। किले में एक जलाशय भी है।[11]

सन्दर्भ

1. *आइन-ए-अकबरी*, जिल्द दो, अनुवाद जैरेट, रिप्रिन्ट 1989, पृ. 241।
2. विल्स, पृ. 179।
3. वही, पृ. 179-180।
4. वही, पृ. 180-181।
5. वेलणकर, पृ. 83-90 पर आधारित।
6. छिन्दवाड़ा कलेक्टोरेट, केस फाइल क्रमांक 1, अगस्त 1865, मेजर जे. आशबर्नर की टिप्पणियाँ, दिनांक 14 अगस्त 1865।
7. वेलणकर, पृ. 90-96।
8. अन्धारे, *देवगडचे गोंड राजे*, 2004, पृ. 86-87।
9. भंडारा डिस्ट्रिक्ट गैजेटियर, रसेल, 1907, पृ. 180।
10. वही, पृ. 229-30।
11. अन्धारे, पृ. 92-93।

भोंसले का पेंशनर बुरहानशाह

1743 में रघुजी भोंसले प्रथम ने देवगढ़ राज्य को अधिकृत करके बुरहानशाह को नागपुर स्थित गोंड किले में रख दिया। उसके खर्च के लिए भोंसले ने शुरुआत में रतनपुर सूबे की आय दी।[1] उस समय गोंड राजा की सालाना आय 12 लाख रुपए थी, जिसमें से 8 लाख रुपए रघुजी द्वारा ले लिए गए और बाकी 4 लाख बुरहानशाह को मिलने थे। लेकिन फिर बुरहानशाह को तीन लाख रुपए नियमित पेंशन दी जाने लगी और बाद में यह पेंशन डेढ़ लाख सालाना कर दी गई।[2]

नागपुर आने के बाद बुरहानशाह के पास किसी भी प्रकार की राजकीय सत्ता नहीं रही। रघुजी भोंसले ने सदैव इस बात का स्मरण रखा कि उसे नागपुर का राज्य गोंड राजा से प्राप्त हुआ है। इसलिए शुरू में गोंड राजा के प्रतिनिधि के नाते रघुजी भोंसले ने राज्य का कार्यभार सम्भाला। हालाँकि गोंड राजा के पास कोई राजनीतिक शक्ति नहीं थी किन्तु भोंसले शासक सदैव उनका सम्मान करते रहे और हर भोंसले शासक के गद्दी पर बैठने के समय गोंड राजा की ओर से भोंसले राजा के माथे पर टीका लगाया जाता था। और भोंसले भी गोंड राजा के माथे पर टीका लगाता था।[3]

अड़तालीस गाँव

बुरहानशाह द्वारा नागपुर जिले के सावनेर के कृष्णाजी कठाले को 1765 में सावनेर कस्बे से सम्बन्धित अधिकार देते हुए जारी की गई सनद में बुरहानशाह को 'श्री महाराजाधिराज श्री राजा' की पदवी के साथ सम्बोधित किया गया है।[4] इससे पता चलता है कि जो इलाका बुरहानशाह के पास अब था उसमें उसे और उसके वंशजों को सनद जारी करने का स्वतंत्र अधिकार

था। बुरहानशाह के पास 48 गाँवों का स्वामित्व था। इन गाँवों के नाम ये थे[5]—

नागपुर तहसील के 15 गाँव— माहुरझरी, ब्राह्मणवाडा, बोथल, लावा, दवलामेटी, धाबा, गादा, कापशी, उमरी, सलई, हिंगणा, रायपुर, टाकली, माँगली, खापरखेड़ा

सावनेर तहसील के 3 गाँव — सावनेर, खातगाँव, चाँपा

रामटेक तहसील के 5 गाँव — सिओरा, बजरकुंड, कालभैरव, वाघोडा, विठोली

उमरेड तहसील के 1 गाँव — मटकाझरी

सौंसर तहसील 8 गाँव — पारडसिंगा, खौरी, ब्राह्मण, पिंपला (खुर्द), मोहगाँव, सोंसर, रामगढ़ी, पालोरा

छिन्दवाडा तहसील के 7 गाँव— खैरीराणी, सुहागपूर, रजाड, देवगड, गडवण, खाणगू, गढमऊ

गोन्दिया तहसील के 5 गाँव— मालेगाँव, बिजापुर, काचिखानाई, सरा, भैयपूर

भंडारा जिला के 6 गाँव — भंडारा, तिरोडा, रामपायली, चाँदपूर, सानगडी, परताबगढ़

इन गाँवों से सम्बन्धित अधिकार बुरहानशाह के पास थे। सावनेर नामक जिस गाँव की सनद 1765 में जारी की गई थी वह इन 48 गाँवों में से एक था।

राजे संस्थानिक

गोंड राजा बुरहानशाह का स्थायी निवास नागपुर हो गया किन्तु उनका सम्बन्ध देवगढ़ के किले से बना रहा। गोंड राजवंश के राजा मुसलमान हो गए थे किन्तु वे धार्मिक कार्यों के लिए देवगढ़ जाते थे और वहाँ देवी की पूजा करते थे और अपने बच्चों के मुंडन संस्कार भी करते थे। नागपुर के गोंड राजा स्वयं को देवगढ़ के 'संस्थानिक' कहते थे। जैसे, नागपुर के भोंसले शासकों को वंश परम्परा से 'देउर के राजा' कहा जाता था इसी प्रकार गोंड राजा को 'संस्थानिक' कहा जाता था। जब नागपुर के भोंसले राज्य को अंग्रेजों ने अपने अधिकार में ले लिया और भोंसले राजा को पेंशन दे दी तब नागपुर में पेंशन पानेवाले दो राजा हो गए—भोंसले राजा और गोंड राजा। इन दोनों में अन्तर करने के लिए अंग्रेजों ने गोंड राजा को 'राजे संस्थानिक' यानी संस्थानिक राजा कहना शुरू कर दिया। यह

कहना ठीक नहीं कि अंग्रेजों ने पहले संस्थानिक कहना शुरू किया। गोंड राजा पहले से ही खुद को 'देवगढ़ के संस्थानिक' कहते थे और बाद में केवल 'संस्थानिक' कहने लगे।[6]

मुधोजी भोंसले से सम्बन्ध

राजा बुरहानशाह ने बहुत लम्बी उम्र पाई। उसके जीवनकाल में नागपुर में चार भोंसले शासक हुए—

रघुजी प्रथम (1730-1755)
जानोजी (1755- 1772)
साबाजी (1772-1775)
मुधोजी (1775-1788) और
रघुजी द्वितीय (1788-1816)

ये सभी शासक बुरहानशाह का सम्मान करते थे। अंग्रेज रेजीडेन्ट फारेस्टर 11 अप्रैल 1788 को मुधोजी भोंसले और बुरहानशाह के आपसी सम्बन्धों के बारे में लिखता है—"मुधोजी के चरित्र के सम्मान के बारे में इस बात का खास तौर पर उल्लेख करना होगा कि बुरहानशाह के प्रति उसका व्यवहार इतना अच्छा और सम्मानजनक है कि ऐसा राजाओं में कम ही देखने में आता है और मेरा विश्वास है कि इसका भारत में कोई सानी नहीं है। इससे यह भी प्रतीत होता है कि महात्त्वाकांक्षा के पीछे न भागते हुए, उसमें मानवता की कमी नहीं है और वह उन अनुग्रहों को याद करता है जो उसके पिता को बुरहानशाह के परिवार द्वारा प्रदान किए गए थे। यह राजा किसी भी बन्धन में नहीं है, उसे तीन लाख रुपए पेंशन मिलती है और उसके पास नागपुर के अन्दरूनी भाग में बना पूरा किला है जिसमें उसका विशाल परिवार रहता है। यह व्यक्ति 60 साल से ज्यादा आयु का है और उसमें बहुत बुद्धिमत्ता और विवेक है, जो उसके सामान्य आचरण में दिखती है। मैदानी खेलों से असाधारण लगाव के जरिए उसने दिमाग और शरीर को अत्यन्त सक्रिय रखा है। मुधोजी सदैव उसे राजा कहकर सम्बोधित करता है और नया साल शुरू होने पर एक जुलूस में बुरहानशाह के किले में जाता है और राजा के जन्म तथा दर्जे के अनुरूप नजराना पेश करता है।"[7]

व्यक्तित्व

राजा बुरहानशाह धार्मिक प्रवृत्ति का था। हर साल बुरहानशाह रमजान के रोजे रखता था, ईद और अन्य मुस्लिम त्यौहार किले में धूमधाम से मनाता था। इन अवसरों पर भोंसले राजा किले में जाकर बुरहानशाह के प्रति सम्मान प्रकट करता था और बुरहानशाह तथा उसके परिवार के अन्य सदस्यों को मूल्यवान वस्त्र भेंट करता था। उल्लेख मिलता है कि एक बार रघुजी भोंसले द्वितीय ने अपने बेटे परसोजी को बताया कि 7 जून 1790 के दिन वह (रघुजी द्वितीय) बुरहानशाह के किले में स्थित महल में गया था। रमजान का महीना था, बुरहानशाह ने रोजा रखा था। उसने राजा बुरहानशाह से कुशल-क्षेम पूछा। ईद के दिन बुरहानशाह रघुजी द्वितीय के आवास में गए। वहाँ गोंड राजा का सत्कार हुआ और ईद के उपलक्ष्य में उसे तथा उसके पुत्रों को वस्त्र दिया गया।[8] ऐसी दर्जनों घटनाओं का उल्लेख मिलता है जो देवगढ़ के पेंशनर राजा बुरहानशाह के जीवन से और भोंसले राजा और बुरहानशाह के आपसी रिश्तों से सम्बन्धित हैं।[9] इनका उल्लेख करने की यहाँ जरूरत नहीं है।

बुरहानशाह अरबी, फारसी और उर्दू का विद्वान था। उसने फारसी की शिक्षा नागपुर के भोंसले के दरबार के पराक्रमी सेनापति और राजनीतिज्ञ भवानी पंडित कालू से प्राप्त की थी। बुरहानशाह ने विद्वानों, कवियों और लेखकों को उदारता से आश्रय दिया। कवि लाला प्रेमचन्द ने 1792 में 'तरजुमा शाहनामा-ए-फिरदौसी' नाम का ग्रन्थ लिखा। इस ग्रन्थ के प्रारम्भ में बुरहानशाह के गुणों का वर्णन किया गया है। 1788 में जब अंग्रेज रेजीडेन्ट फार्स्टर नागपुर आया तो उसने बुरहानशाह के बारे में कहा, "यह व्यक्ति (बुरहानशाह) 60 साल से ज्यादा आयु का है और उसमें अत्यन्त योग्यता और विवेक है और यह उसके सामान्य आचरण से झलकता है।"[10]

1796 ई. में नागपुर के गोंड किले में देवगढ़ के अन्तिम शासक बुरहानशाह का एक पेंशनर के रूप में निधन हो गया। बुरहानशाह के 6 बेटे थे—बहरामशाह, सुलेमानशाह उर्फ भूरे साहेब, फीरोजशाह, सिकन्दरशाह, आजमशाह और अकबरशाह उर्फ अनवरशाह।[11]

बुरहानशाह के अन्त से जैसे देवगढ़ राज्य की बची-खुची चमक भी समाप्त हो गई। बुरहानशाह ने राजसत्ता का उपभोग भी किया और राजसत्ता खोने की त्रासदी का साक्षी भी रहा। पर यह एक सुखद संयोग ही कहा जाएगा कि उसके

निधन के बाद भी उसके वारिसों की निरन्तरता बनी रही और वे अन्य राजवंशों के समान इतिहास में खो नहीं गए।

सन्दर्भ

1. यादव माधव काले, *नागपुर प्रान्ताचा इतिहास*, 1934, पृ. 63।
2. देशपांडे और लांडगे (संपा.) *विदर्भ ऐतिहासिक लेख संग्रह*, खंड एक, लेखांक 3 पृ. 12. अंगरेजों के समय यह पेंशन नागपुरी कलदार में 127136 रुपये 2 आना और ब्रिटिश सिक्कों में 106837 रुपये 10 आना हो गई।
3. काले, उपरोल्लिखित कृति, पृ. 46।
4. *विदर्भ ऐतिहासिक लेख संग्रह*, खंड एक, लेखांक 19, पृ. 39।
5. अन्धारे, *देवगडचे गोंड राजे*, 2004, पृ. 66-67।
6. अन्धारे, पृ. 98-99।
7. वही, पृ. 55।
8. टी.एस. शेजवलकर, *नागपुर अफेयर्स*, भाग 2, क्रमांक 154, पृष्ठ 76, क्रमांक 285, पृ. 332।
9. शेजवलकर, भाग 1 और 2 में उल्लिखित अनेक पत्र।
10. अन्धारे, *देवगडचे गोंड राजे*, 2004, पृ. 60-61।
11. वि.ए.ले.सं., खंड एक, लेखांक 1, पृ. 4।

बाद के वंशज

बुरहानशाह के बाद उसके वंश के वारिस नागपुर के गोंड किले में रहते हुए पेंशन और अपने गाँवों का उपभोग करते रहे। उनका अब कोई राजनीतिक प्रभाव नहीं रहा, सिवा इसके कि भोंसले राजा उन्हें यथासम्भव सम्मान देते रहे। यह अनोखी बात है कि राजसिंहासन छिन जाने के बाद भी देवगढ़ का गोंड राजवंश आगे आनेवाले समय में अस्तित्व में रहा और अभी भी इस राजवंश के वारिस अपेक्षाकृत ठीक हालत में हैं और अपने वैभवशाली अतीत की यादगार उनके पास हैं। बुरहानशाह के वारिसों का संक्षिप्त विवरण ही यहाँ दिया जा रहा है।

बहरामशाह

हम देख चुके हैं कि राजसत्ता छिन जाने के बाद बुरहानशाह नागपुर के भोंसले राजा का पेंशनर बन गया था। उस समय रघुजी द्वितीय भोंसले वंश का शासक था। 1796 में बुरहानशाह के निधन के बाद उसका ज्येष्ठ बेटा बहरामशाह नागपुर के गोंड किले की गद्‌दी का वारिस हुआ।[1] उस समय भी नागपुर में शासन सेना साहेब सूबा रघुजी भोंसले द्वितीय का चल रहा था। सेना साहेब सूबा रघुजी द्वितीय से बहरामशाह को नियमित रूप से तीन लाख रुपए वार्षिक पेंशन मिलना जारी रहा और उसे रघुजी भोंसले द्वितीय से पर्याप्त सम्मान भी मिलता रहा।

बहरामशाह अरबी, फारसी और उर्दू भाषा व साहित्य का जानकार था। उर्दू कवि आसी ने अपनी किताब 'सिफातुल अम्बिया' बहरामशाह के समय ही लिखी थी, जिसमें उसने बहरामशाह के वैभव का वर्णन किया है।[2]

बहरामशाह का कोई पुत्र नहीं था इसलिए बहरामशाह ने अपने निधन के पहले अपने दूसरे भाई सुलेमानशाह उर्फ भूरे साहेब के पोते यानी रहमानशाह को दत्तक लिया।[3] यह स्मरणीय है कि बहरामशाह को अपनी जागीर के बाहर

कोई अधिकार नहीं थे। इसलिए उसके समय की घटनाओं का उल्लेख नहीं मिलता।

बहरामशाह के समय भोंसले राजवंश में महत्त्वपूर्ण परिवर्तन हुए जिनका उल्लेख करना जरूरी होगा। भोंसले शासक रघुजी द्वितीय का निधन 1816 में हो गया और उसके स्थान पर परसोजी भोंसले शासक बना था। दुर्भाग्य से परसोजी का निधन एक साल के शासन के बाद ही यानी 1817 में हो गया। उसका उत्तराधिकारी मुधोजी भोंसले या अप्पा साहेब भोंसले शासक बना। अप्पा साहेब भोंसले के समय 1818 में मराठों और अंग्रेजों की तीसरी लड़ाई में अप्पा साहेब की पराजय हुई और उसे पलायन करना पड़ा। अंग्रेजों ने अप्पा साहब के बाद भोंसले राजसिंहासन पर दस साल के बालक रघुजी तृतीय को बिठाया। बहरामशाह इन सभी घटनाओं का साक्षी रहा लेकिन उसकी स्थिति में बदलाव नहीं आया। उसे पेंशन मिलती रही। 25 साल की लम्बी अवधि तक देवगढ़ के शासकों की नागपुर के किले में स्थित गद्दी को सुशोभित करने के बाद 1821 में बहरामशाह का निधन हुआ।

रहमानशाह

बहरामशाह के निधन के बाद 1821 में रहमानशाह गद्दी का वारिस हुआ। रहमानशाह सुशील और दानी था, विद्वान था और साधु सन्तों का आदर करता था। उसने अपने महल के काम को देखने के लिए हसन खान की नियुक्ति की थी। दुर्भाग्य से 1836 में नागपुर के गोंड किले में स्थित इस महल में आग लग गई जिससे महल भस्म हो गया। बाद में रहमानशाह ने नया महल बनवाया। रहमानशाह ने मोमिनपुरा में ईदगाह का निर्माण कराया था जो आज भी है। राजा रहमानशाह निस्सन्तान था इसलिए उसने अपने छोटे भाई आजमशाह के बेटे सुलेमानशाह को दत्तक लिया और उसे ही अपना वारिस घोषित कर दिया। रहमानशाह का निधन 3 अक्टूबर 1852 को हुआ।[4]

सुलेमानशाह

रहमानशाह के निधन के बाद सुलेमानशाह 3 अक्टूबर 1852 को देवगढ़ परिवार का वारिस बना। सुलेमानशाह के समय की अत्यन्त महत्त्वपूर्ण घटना यह है कि

भोंसले शासक रघुजी तृतीय की मृत्यु 1854 में हो गई। रघुजी तृतीय निस्सन्तान था, किन्तु अंग्रेज सरकार ने उसे दत्तक लेने की स्वीकृति नहीं दी और 13 मार्च 1854 को भोंसले का राज्य ब्रिटिश शासन ने अपने कब्जे में कर लिया।[5] अब गोंड राजा सुलेमानशाह को भोंसले राजा से मिलने वाली एक लाख 22 हजार 140 रुपए की सालाना पेंशन के स्थान पर 1 जून 1855 से अंग्रेज सरकार द्वारा एक लाख 6 हजार 837 रुपए 8 आना सालाना पेंशन देना तय हुआ और इसका व्यवस्थापक नागपुर के प्रसिद्ध साहूकार दाजीबा बूटी को बनाया गया।[6] सुलेमानशाह ने रहमानशाह द्वारा बनवाई गई ईदगाह के ध्वस्त हो जाने के बाद 1864 में उसने फिर से ईदगाह का पुनर्निर्माण कराया। इसके अलावा 1874 में सुलेमानशाह ने गोंड किले के प्रवेशद्वार का निर्माण कराया।[7] इस प्रवेशद्वार के शिलालेख में प्रवेशद्वार का निर्माण शुरू होने की तिथि, बनने में लगने वाले समय और खर्च का विवरण है।[8]

सुलेमानशाह एक पैर में हीरे और जड़ाऊ काम का तोड़ा पहनता था इसलिए उसे तोड़ेवाले महाराज के नाम से भी जाना जाता था। महल में उसे भाउजी महाराज कहा जाता था। सुलेमानशाह की दो पत्नियाँ थीं—हीरामोतीकुंवर और बसन्तकुँवर। पहली पत्नी का निधन 9 जुलाई 1865 में होने के बाद उसने बसन्तकुंवर से विवाह किया जिससे उसे दो बेटियाँ हुईं—मानमोती और हंसकुँवर। मानमोती के बेटे का नाम मोहम्मद आजमशाह था जो बाद में गद्दी का वारिस बना।[9]

सुलेमानशाह शहर की सामाजिक और सांस्कृतिक गतिविधियों में रुचि रखता था और जरूरत पड़ने पर उनमें आर्थिक योगदान भी देता था।[10] सुलेमानशाह के कोई बेटा नहीं था इसलिए उसने निधन के एक दिन पहले अपने 7 माह के नाती आजमशाह को दत्तक लिया जो मानमोती का बेटा था। आजमशाह के पिता का नाम मीर बहादुरशाह था। आजमशाह को दत्तक लेने की प्रक्रिया हिन्दू और गोंड परम्परानुसार हुई। 33 साल तक देवगढ़ के गोंड राजवंश की गद्दी पर रहने के बाद सुलेमानशाह का निधन 15-4-1885 को हुआ। उसकी कब्र सक्करदरा चौक के पीछे गोंड राजा की श्मशान भूमि में है। सुलेमानशाह के निधन के बाद 15 अप्रैल 1885 को उसका 7 माह का पोता आजमशाह उसका उत्तराधिकारी बना।[11]

राजा सुलेमानशाह के जो निकट रिश्तेदार थे उनमें प्रमुख थे, बहरामशाह और अहमदशाह जो सुलेमानशाह के चचेरे भाई थे। अहमदशाह अनौरस चचेरा भाई

था। इसके अलावा बहरामशाह के नाती की पत्नी बदनकुँअर, रहमानशाह का पुत्र और नाती दोनों का ही निधन राजा सुलेमानशाह के जीवनकाल में हो गया था। रहमानशाह के भाई भेजूशाह की पत्नी पैकबाई भी राजा सुलेमानशाह पर अवलम्बित थे। इसके अलावा करीब 53 दूर के रिश्तेदारों को ब्रिटिश सरकार से 4 हजार रुपए वार्षिक मिलते थे।[12]

आजमशाह

सुलेमानशाह का वारिस आजमशाह हुआ। चीफ कमिश्नर ने आजमशाह की वार्षिक पेंशन कम करके कुल पेंशन 50 हजार रुपया वार्षिक का प्रस्ताव किया। शुरू में रकम एक साथ राजा को देने का सोचा गया किन्तु बाद में इसे रिश्तेदारों में नीचे लिखे प्रकार बाँट दिया गया[13]—

आजमशाह	32000 रुपए
हीरामोतीकुँवर दिवंगत सुलेमानशाह की पत्नी	4000 रुपए
बसन्तकुँवर दिवंगत सुलेमानशाह की पत्नी	4000 रुपए
मानमोती बाई सुलेमानशाह की बेटी और राजा आजमशाह की माँ	1800 रुपए
सुलेमानशाह की दूसरी बेटी हंसकुँवर	2400 रुपए
बदन कुँअर, राजा रहमानशाह	2400 रुपए
बहरामशाह का दत्तक लिया पहला चचेरा भाई सुलेमानशाह का	1800 रुपए
अहमशाह मृत राजा सुलेमानशाह का अनौरस चचेरा भाई	600 रुपए
पैकुबाई मृत राजा सुलेमानशाह की काकू (रहमानशाह के भाई भोजूशाह की पत्नी)	1000 रुपए

पारिवारिक विवरण[14]

आजमशाह की शिक्षा राजकुमार कॉलेज, रायपुर में हुई और उसका विवाह नागपुर जिले की सावनेर तहसील के उपरवाही गाँव के जमींदार दौलतशाह उर्फ दाऊजी साहेब की कन्या लालमोती के साथ 1918 में हुआ। 1918 से आजमशाह सपरिवार

काटोल रोड स्थित टाकली हाउस में रहने लगा। किन्तु आजमशाह की माँ मानमोती गोंड किले में रहती थी। इस विवाह से उसे 16 नवम्बर 1920 को एक बेटी राजमोती प्राप्त हुई। दुर्भाग्य से आजमशाह की पत्नी लालमोती का निधन 20 दिसम्बर 1921 को ही हो गया। उस समय बेटी राजमोती केवल एक साल की थी। मातृहीना बेटी राजमोती पर आजमशाह ने खूब ध्यान दिया। 1930 में राजमोती को शिक्षा के लिए अलीगढ़ भेज दिया गया, जहाँ हाई स्कूल और कॉलेज की शिक्षा राजमोती ने ली।

आजमशाह की पत्नी का निधन हो जाने के कारण आजमशाह की माँ मानमोती ने 1926 में आजमशाह का विवाह पानाबारस के जमींदार की कन्या सारूबाई के साथ किया और उसका नाम हीरामोती रखा। इससे आजमशाह को पाँच सन्तानें हुईं—इन्द्रामोती का जन्म 1930 में, राजकुमार राजा भोज उर्फ बख्तबुलन्दशाह का जन्म 1931 में, राजकुमारी लालमोती साहेब का जन्म 1933 में, राजकुमार वीरबहादुरशाह का जन्म 1934 में और राजकुमारी ताजमोती का जन्म 1937 में हुआ। इस प्रकार उसके दो बेटे और तीन बेटियाँ थीं। आजमशाह राजा रोज अपनी पहली पत्नी से पैदा हुई बेटी राजमोती के साथ बग्घी में बैठकर किले में दोपहर के भोजन के लिए जाता था। जिस रास्ते से बग्घी जाती थी वह किंग्स वे (राजपथ) के नाम से जाना जाने लगा। 1926 में आजमशाह के जीवन में एक दुर्घटना घटी। उसकी मानी हुई बहन राबीया की शादी के समय उसके किसी शत्रु ने हुक्का के जरिए ऐसी दवा आजमशाह को दे दी कि आजमशाह का मानसिक सन्तुलन 1927 से बिगड़ गया। नागपुर के ही मानसिक चिकित्सालय में उसका इलाज किया गया। आजमशाह की मानसिक हालत ठीक न होने और राजमोती की आयु कम होने के कारण आजमशाह की सम्पत्ति कोर्ट ऑफ वार्ड्स के अन्तर्गत चली गई।

आजमशाह की बेटी राजमोती का जन्म 16 नवम्बर 1920 को हुआ था। उसका पहला विवाह एक गोंड व्यक्ति से हुआ था किन्तु तलाक हो जाने के बाद उसका विवाह होशंगाबाद के राजघराने के लियाकतशाह के बेटे मुख्तशाह के साथ 1943 में हुआ। मुख्तशाह को आजमशाह ने घरजमाई बना लिया और राजकुमारी राजमोती नागपुर में टाकली हाउस में आजमशाह के साथ रहने लगी। राजमोती के दो बेटे हुए—सलमानशाह और अफरोजशाह। सलमानशाह का विवाह भोपाल के हकीम एहतेशाम की कन्या से हुआ था। जिससे उसे दो बेटे हुए—कामरान और इरफान। राजमोती का निधन 1993 में हुआ।

मौजूदा वारिस[15]

आजमशाह की मृत्यु के बाद आजमशाह की पहली पत्नी से हुई बेटी राजमोती ने अदालत में मुकदमा दायर किया कि राजमोती स्वयं रियासत की सम्पत्ति की अधिकारी है और उस सम्पत्ति पर आजमशाह की दूसरी पत्नी हीरामोती की सन्तानों का अधिकार नहीं है। किन्तु 5 अक्टूबर 1966 के अदालती फैसले के अनुसार रियासत की सम्पत्ति का वारिस आजमशाह का बड़ा बेटा राजा भोज उर्फ बख्तबुलन्द द्वितीय माना गया। चूँकि बख्तबुलन्द द्वितीय बालिग था इसलिए आजमशाह की सम्पत्ति कोर्ट ऑफ वार्ड्स से मुक्त होकर बख्तबुलन्द को दे दी गई। बख्तबुलन्द द्वितीय का पहला विवाह 1954 में रायपुर जिले के कोमा खान के जमींदार ठाकुर भानुप्रतापसिंह की कन्या मनोरमा से हुआ। मनोरमा से कोई सन्तान न होने के कारण बख्तबुलन्द द्वितीय का दूसरा विवाह 1968 में सारंगगढ़ के राजा नरेशचन्द्र के भाई राजा धर्मजीत की कन्या सुधा से हुआ। इस विवाह के फलस्वरूप 4 सन्तानें हुईं—वीरेन्द्रशाह, चन्द्रशील, क्षिप्रा और रीमा। बख्तबुलन्द द्वितीय का निधन सितम्बर 1993 में हो गया।

वीरेन्द्रशाह का जन्म 17-2-1969 में हुआ था और उसका विवाह रायपुर जिले के सरायपाली के गोंड राजा वीरेन्द्रसिंह की कन्या शुभदा से 2000 में हुआ। चन्द्रशील का जन्म 23-12-1974 में हुआ और उसने इन्जीनियर की डिग्री प्राप्त की। क्षिप्रा का जन्म 27-11-1970 में हुआ और उसने उच्च शिक्षा प्राप्त की। रीमा का जन्म 1972 में हुआ।

आजमशाह के छोटे बेटे वीरबहादुरशाह का विवाह इन्दौर के होलकर घराने की माधवी देवी से हुआ। उसके एक बेटे आदित्यशाह का जन्म 1958 में हुआ था। आदित्यशाह का विवाह 4 फरवरी 1987 को कोल्हापूर धैर्यशील खरडेकर परिवार की मधुमती से हुआ। इनके अश्विनी नाम की बेटी है। वीरबहादुरशाह की बेटी मालविका का विवाह अभय खरे से हुआ और अभी वह आस्ट्रेलिया में है।

यह कहानी है देवगढ़ के गोंड राज्य की। करीब डेढ़ सौ साल तक यह राज्य कायम रहा और इसके शासक राजसत्ता का उपभोग करते रहे। भोंसले शासक के हाथों पराभव के बाद राज्य तो खत्म हो गया पर राजवंश कायम रहा और वह भोंसलें से पेंशन पाने लगा। 1818 ईस्वी में अप्पाजी भोंसले की पराजय के बाद जब नागपुर के भोंसले राज्य पर अंग्रेजों का शिकँजा कायम हुआ तो यह राजवंश अंग्रेजों का पेंशनर हो गया और 1856 में भोंसले राजवंश के खत्म होने के बाद

भी अंग्रेजों से देवगढ़ के राजवंश के वारिसों को पेंशन मिलती रही जो 1947 तक किसी-न-किसी रूप में मिलती रही। आज भी नागपुर और उसके आसपास देवगढ़ के शासकवंश के उत्तराधिकारी विद्यमान हैं और एक वैभवशाली इतिहास के अवशेष के रूप में मौजूद हैं। नागपुर में गोंड किले में अभी भी चहल-पहल है और किले के कुछ अवशेष भी अभी बाकी हैं। देवगढ़ राज्य समाप्त हो गया और उसके वारिस भी अब प्रभाहीन हैं, किन्तु जब भी सतपुड़ा अंचल में जनजातीय आधिपत्य की कहानी लिखी जाती हैं, देवगढ़ के गोंड शासकों का उल्लेख करना ही पड़ता है। भोंसले शासकों ने इस राज्य को समाप्त किया किन्तु भोंसले का इतिवृत्त जब भी लिखा जाता है, देवगढ़ के गोंड राजवंश के वारिसों के द्वारा भोंसला राजा को तिलक लगाए जाने का उल्लेख जरूर होता है।

सन्दर्भ

1. देशपांडे और लांडगे (सम्पादक), *विदर्भातील ऐतिहासिक लेख संग्रह*, खंड एक, पृ. 4।
2. अन्धारे, पृ. 63।
3. वि.ए.ल.सं., खंड एक, पृ. 4।
4. वही, खंड एक, पृ. 5।
5. जेन्किन्स पृ. 32।
6. वि.ए.ले.सं., खंड एक, ले 4, पृ. 12, 130।
7. पुरामन्थन न. 1, 2003 पृ. 68।
8. काले, *गोंड लोकांचा इतिहास*, पृ. 40।
9. सेन्ट्रल प्राविन्सेज़ के चीफ कमिश्नर के सचिव द्वारा भारत सरकार के विदेश विभाग के सचिव को लिखा गया पत्र, क्रमांक 2562/120, दिनांक 7-7-1885, पृ. 3, 4, 5, 7।
10. नागपुर महाविद्यालय, अमृत महोत्सव अंक, पृ. 37-38।
11. वि.ए.ले.सं., खंड एक, पृ. 5, उपरोल्लिखित पत्र, क्रमांक 2562/120, दिनांक 7-7-1885।
12. अन्धारे, *देवगडचे गोंड राजे*, 2004, पृ 68।
13. वही, पृ. 68-69।
14. वही, 2004, पृ. 71-77।
15. वही, पृ. 78-80।

ग्रन्थ सूची

मूल स्रोत

फारसी

Abul Fazl — *Ain-i-Akbari*, Eng. tr. Jarrett, vols. ii, iii, 1989 reprint.

Abul Fazl — *Akbarnama*, Eng. tr. , Beveridge, vol. ii, 1989 reprint.

Jahangir — *Memoirs of Jahangir*, Eng. tr. Rogers and Beveridge, 1909.

Elliot and Dowson (Ed.) — *History of India as Told by Its Own Historians*, vol. vi, 1959.

Ferishta — *History of the Rise of Mohamedan Power in India*, tr. Briggs, vols. i, ii and iv.

अब्दुल हमीद लाहौरी — *बादशाहनामा*, जिल्द एक, भाग दो और तीन, 1867।

शाहनवाज खान — *मासिर-उल-उमरा*, हिन्दी अनुवाद मुगल दरबार, जिल्द दो, तीन और चार, हिन्दी अनुवाद ब्रजरत्नदास, 1952।

भीमसेन सक्सेना — *तारीख-ए-दिलकुशा*, सेतु माधवराव पागड़ी का मराठी अनुवाद, *मोगल आणि मराठे*, 1963।

ईश्वरदास नागर — *फुतूहात-ए-आमगीरी*, पागड़ी का मराठी अनुवाद, *मोगल मराठा संघर्ष*, 1964।

साकी मुस्तैद खान — *मासिर-ए-आलमगीरी*, पागड़ी का मराठी अनुवाद, *मराठे वा औरंगजेब*, 1963।

खफी खान — *मुन्तखाब-उल-लुबाब*, पागड़ी का मराठी अनुवाद, *मराठ्यांचे स्वातंत्र युद्ध*, 1962।

शेख अब्दुल फतह इनायतुल्ला — *आदाब-ए-आलमगीरी*।

अशरफ नदवी (संपा.) — *रुक्कात-ए-आलमगीरी*, 1929।

कवीन्द्र परमानन्द — शिवभारत, सम्पादक एस.एम. दिवेकर, शक 1849।

मराठी

देशपांडे और लांडगे (सं.) — *विदर्भातील ऐतिहासिक लेख संग्रह*, खंड पहला, 1959।

गुप्ते, काशीराव — *नागपुरकर भोंसल्यांची बखर*, 1963।

सेतु माधवराव पगड़ी, (संपा.) — *मोगल दरबाराची बातमी पत्र*।

दलवी, जी.डी., (संपा.) — *नागपुरकर भोंसल्यांचे कागद पत्र*।

Sardesai, G.S. (ed.) — *Selections from Peshwa Daftar*, vol. xiii, 1931.

Shejwalkar, T.S. — *Nagpur Affairs*, vol. i, 1954 and ii, 1959.

आधुनिक ग्रन्थ

Brijkishore — *Tarabai and Her Times*, 1963.

Colbrook — Life of Colebrook.

Craddock, R. — *Report on the Land Revenue Settlement of Nagpur District*, 1899.

Duff, Grant — *History of the Marathas*, vol. i, 1971.

Dodwell, H.H. — *Cambridge History of India*, vol iv,

Husain, Yusuf — *The First Nizam*, 1963.

Irwin, C.J. — *Settlement Report of Chhindwara Distt.*, during 1913-17.

Jenkins — *Report on the Territories of the Raja of Nagpur*, 1827.

Montgomerie, C.W.E. — *Land Revenue Settlement of Chhindwara Distt.,* during 1891-95.

Nichols — *Law of the Central Provinces.*

Raghubirsinh — *Malwa in Transition*, 1936.

Ramsey, W. — *Land Revenue Settlement of the Chhindwara Distt.,* 1867.

Sarkar, Jadunath — Shivaji and His Times, 1961.

Sarkar, Jadunath — *History of Aurangzeb*, vol. i, ii, vi, 1924.

Sinha, H.N. — *Selections from the Nagpur Residency Records*, vol. i to v, 1950, 52, 53, 54, 57.

Sterndale — *Seonnee or Camp Life on the Satpura Range*, 1887.

Velankar, P.G. — *The Gond Kingdom of Deogarh, Its Rise and Fall, Unpublished Thesis of Nagpur University.*

Wills, C.U. — *The Rajgond Maharajas of the Satpura Hills*, 1923.

Wills, C.U. — *British Relations with the Nagpur State in the 18th Century*, 1926.

अन्धारे, बी.आर. — *देवगडचे गोंड राजे,* 2004

अवस्थी, प्रज्ञा — *मुगलकालीन खानदेश,* 2003

काले, या.मा. — *नागपुर प्रान्ताचा इतिहास,* 1934

काले, या.मा. — *गोंड लोकांचा इतिहास,* 2003

भोज, एम.बी. — *रघुजी भेंसल्यांची देवगढ़वर स्वारी,* 1979

मिराशी, वा.वि. — *संशोधन मुक्तावलि,* सर तिसरा, 1958

माहेश्वरी, रामगोपाल (संपा.) — *शुक्ल अभिनन्दन ग्रन्थ,* 1955

मिश्र, सुरेश — *गढ़ा के गोंड राज्य का उत्थान और पतन,* 1986

मिश्र, सुरेश — *मध्यप्रदेश के गोंड राज्य,* 2000

मणि, बी.आर. — *पुरामन्थन* न. 1, 2003

राजुरकर, अ.ज. — चन्द्रपूरचा *इतिहास,* 1982

शुक्ला, प्रयागदत्त — *अरण्य की संस्कृति,* 1964

शुक्ल, भगवतीप्रसाद — *छिन्दवाड़ा छबि,* 1931

शास्त्री, मिश्रीलाल — *महाप्रभु श्री प्राणनाथ,* 1970

नागपुर महाविद्यालय अमृत महोत्सव अंक,

रिपोर्ट और जर्नल

Nagpur Settlement Report, 1899

Numismatic Digest, Ajneri, Nasik

Journal of the Asiatic Society of Bengal, 1837

Hoshangabad District Settlement Report, 1867

गैजेटियर्स

District Gazetteers— Nagpur 1908, Bhandara 1908, Chhindwara 1907, 1995, Seoni 1907, Betul 1907, Hoshangabad 1908, Balaghat 1907

Charles Grant (ed.) Central Provinces Gazetteer, 1870

Imperial Gazetteer of India

❑ ❑ ❑

छायाचित्र

बख्तबुलन्द

चाँद सुल्तान

जाटबा समाधि, देवगढ़

नागरखाना, देवगढ़

बख़्तबुलन्द की मस्जिद, देवगढ़

गोंड किले का दरवाजा, नागपुर

अम्बागढ़ किला-1

अम्बागढ़ किला-2

संगदी किला